身軽に暮らす

もの・家・仕事、40代からの整理術

身軽でいれば、いつでも新しいことがはじめられる

年を重ねるごとに、自分の足もとを見られるようになってきた。
ほんとうに必要なものは、そう多くはないし、
そもそも自分はたくさんのものを、持ちこなせていない。
大人になると、さまざまな役割を背負うこともある。
自分の力では、どうにもできないことにも出会う。
だからこそ、せめて自分でおろせる荷物は、
少しずつ、整理していきたいのだ。
余分なものや考えを手放していけたら、
その分、ゆとりが生まれるはず。
いくつになっても、好きなことに向かっていたいから。
目の前にたのしいことが現れた時、
パッと動ける自分でいられるよう、荷物を軽くしていこう。

この本では、6組の方に年代ごとの移り変わりを取材した。
これからの暮らしのヒントをもらうとともに、
人生後半のものづき合いについても考えていきたい。

目次

Part 1

身軽な人の
暮らしレポート

Life 1
吉本由美

60代
故郷に帰る

友だちと別れるのはさみしいけど、自由になりたい気持ちのほうが強かった

吉本由美
1948年生まれ、セツ・モードセミナー卒。『スクリーン』編集部、大橋歩さんのアシスタント、『アンアン』編集部を経て、インテリア・雑貨のスタイリストとして第一線で活躍した後、執筆活動に専念。主な著書に『一人暮し術ネコはいいなア』(晶文社)、『かっこよく年をとりたい』(筑摩書房)、村上春樹・都築響一との共著に『東京するめクラブ 地球のはぐれ方』(文藝春秋)などがある。
ブログ「吉本由美のこちら熊本!」
kumamonne.blog.fc2.com

自分は何がやりたいんだろう?
20代の頃はずっと迷っていた

吉本由美さんといえば、ひとり暮らしの達人である。18歳の時、「好きなものに囲まれていたい!実家じゃあ思い通りに暮らせない!」と、親元を離れるため東京を目指す。それから40年以上に渡り、歴代の猫たちと楽器のチェロを引き連れながら、7軒の家を住み移ってきた。スタイリスト時代はおしゃれなインテリアを提案し、エッセイストになってからはひとり暮らしをテーマに数々の著書を上梓している。「自分のペースでぼやっとしているのが好きだから、ひとり暮らし以外はできそうにない」と話す吉本さん。折々で迷いと決断を繰り返しながら、

自分に真っ直ぐの道を選んできた。

1948年、熊本に生まれた吉本さんは、3きょうだいの真ん中として育った。子どもの頃から映画好きで、銀幕が想像力を育んだのか、動物の飼育員、漫画家、建築家など、さまざまな職業に憧れては、その度にせっせと漫画を描いたり、設計図を引いたり、自分の世界にひたっていたそうだ。

上京後はセツ・モードセミナーに通いながら、映画雑誌『スクリーン』の編集部に入る。知人の紹介で大橋歩さんのアシスタントになり、また紹介で雑誌『アンアン』の編集アシスタントに就いた。雑貨やインテリアのコーディネイトを担当するうちに、20代半ばで〝インテリアスタイリスト〟と呼ばれる日本で最初の人となる。端から見れば人気の職業にとんとん拍子で就いたように映るが――。

「成り行きでスタイリストになったから、迷いがありました。自分で選んだ仕事じゃないし、たのしいんだけど、これでいいのかなって」

揺れ動くタイミングで、別の映画雑誌から編集スタッフの誘いがかかり、あっさり転職。

「ところがこれがたいへんで。編集長と私のようなぺーぺーふたりだけで洋画と邦画、両方を扱う雑誌をやっていたんです。そんな無茶をしているから編集長は倒れちゃうし、すごく忙しかった。そのうちに、撮影がしたくなっちゃってね。かわいいものを見ると、ああ、スタイリストやりたいなあって」

2年間のブランクを経て、30歳でスタイリストに復帰してからは、気持ちが切り替わった。

「今度はもう、自分が選んでスタイリストになったから、以前とはぜんぜん違って、仕事がたのしくて、たのしくて仕方なかった。30代って、経験にプラスして体力もあるし、好奇心も旺盛。のりまくりの時期よね」

『アンアン』『オリーブ』『クロワッサン』『エル・

ジャポン』など数々の人気雑誌を担当。仕事はとにかく充実していたし、稼ぎも伴って都心にマンションも購入した。

スタイリストは店じまい！
ものに囲まれた生活からの脱出

しかし、40代に入った頃から、ふたたび迷いが生まれてくる。

スタイリストをはじめた頃は、おしゃれな暮らしのアイテムはまだまだ少なくて、それを探して提案するおもしろさに意欲を燃やせたが、世の中が豊かになるにつれ雑貨ブームが起こり、まるで消費をあおるような自分の役割に「こんなはずじゃなかった」と疑問を持つようになった。インテリアのショップも増え、情報をリサーチする件数も倍増し、気力と体力の限界も感じていた。

スタイリスト時代の撮影用スケッチ。事前に吟味を重ね、ほぼスケッチ通りに撮影を進めるというプロ中のプロだった。

何より「撮影でいるかも」とか「試しに使ってみなければ」などと、仕事を理由に家の中がものであふれていることに、ガマンできなくなった。

「10年間、すごくがんばったし、燃えつき症候群じゃないんだけど、もういいかなって思ったの」

かくして吉本さんは、スタイリストの第一線から退く。「シンプルに暮らしたい」一心で、2LDKの部屋から1DKの部屋に引っ越しも強行。家が広いと、どうしてもものをためてしまうからだ。フリーマーケットなどで大幅にものを減らすと同時に、賃貸に出していた持ち家マンションも売却し、余分なものを持たない暮らしに舵をきった。

「もう、ものを探さなくてもいいと思うと、うれしかった。ほっとした」と、落ち着いたのもつかの間。スタイリストの頃から文章を書いていた吉本さんは、すぐにできる仕事だからとエッセイストで生計をたてたが、次第にそれも居心地が悪くなる。

「物書きになりたくてなったわけじゃないし、これでいいのかなあって、なんか違う気がして。家で引きこもって書く仕事だから、人に会わない日が延々と続くんです。『一週間に一度も人と話してない』なんてこともあって。人としゃべりたいから、お店をやるのはどうかと考えるようになりました」

喫茶店がいいのではと、女性店主の店へ相談に行くも「儲からないからやめなさい」と忠告されてあきらめたり、ホテル取材を機にメイドになろうと募集要項をチェックしたものの、社員試験があると知ってあきらめたり――。

リサーチの末、たどり着いたのはバーテンダーの仕事だった。

「知り合いから紹介してもらった恵比寿のバーで修業をはじめたら、すごーくたのしくて、10年間も続いちゃったの。週に1回、あまりにも楽なので、バーテンダーになる意欲は消えて、このままでいいかなあって。バーテンダー修業のプロ（笑）」

ふだんは家で書きものをして、週に1度はバーで接客をする生活はバランスが良かった。「だからといって迷いが消えたわけじゃないんだけどね」と吉本さんはつぶやくが、いつか仕事になるかもと二足のわらじを履くことは、不安定なフリーランスの気持ちをわずかにでも支えてくれたのではないだろうか。

老後のたのしみを残しておく

仕事や暮らしには迷いを抱えがちな吉本さんも、老いることに対しては前向きだった。

当時のエッセイでも綴っているが、若い頃から老眼鏡用にフレームを買い集めたり、〝おばあさんになったら着たい服〟を選んだりしては、たんすの中で眠らせてきたそうだ。服についてはわざわざ買うのではなく、何度か袖を通して「今着るより、年をとってからのほうが似合いそう」と感じたら、手入れをしながらしまっておく。セーター、カーディガンなど、シンプルでありながら書生風の服が理想。

「いざ年をとってから探そうとしても、体力がないだろうし、いいものが見つかるとは限らない」と、今も大切にストックし、出番に備えている。

「かっこいいおばあさんになる」のは、吉本さんにとって長年の大きな関心事だ。趣味として「チェロ」を習い続けるモチベーションにもそれが絡んでいると言う。

チェロは20代後半の頃、友人からバンドに誘われ、「自分に似合わない楽器を弾こう」との主旨で購入したものだったが、バンド話はやがて立ち消えとなり、小柄な吉本さんはチェロを弾きこなせないまま長年にわたって持てあます羽目となった。都内の住宅事情ではチェロを練習できるような部屋を借り続けるのは難しく、しばらく使わないとメンテナンスに10万円もかかってしまう。手放したくて友人にゆずったものの「やっぱり弾かないから」と返されたこともあった。

いよいよ限界がきたある日、専門店を見つけて持ち込むと、引き取りはできないが「自分で弾いたほうがいいですよ」とスクールをすすめられた。吉本さんは「手も小さいし覚えられないんです」と答えたが、そのスクールには80歳で弾いているおばあさんもいると言う。吉本さんが見学に行くと、ほんとうに、その方がきれいにチェロを弾く姿があった。

「私もやります！って即答（笑）。バイオリンはおばあさんに似合わない気がするけど、チェロはね、似合うなあって思った。きれいだったねぇ。低い音だし、音楽もゆるやかだし。その時、私が50代で、80歳ぐらいまであと20年はやれるとわかったから、少しずつでも続けるようになったの」

熊本に帰ろうと決めたとたん心が軽くなった

50代も半ばを過ぎると、毎日の暮らしは順調にもかかわらず、またもや行き詰まった。

「60歳を目前にして、このまま東京で年をとるのかと思うと焦りが芽生えてきたんです。ほんとうは違うところに住みたいと、ずっと思っていたのに。あんまり年齢が上になると動けないじゃない？ 仕事で地方に行く度に『ここに住むのはどうかしら』って、東京を抜け出すことをさぐっていたの」

行き先が見つからないまま年月が過ぎるうちに、在宅で介護を受けていた両親が施設に入り、熊本の実家が空き家となる。

「Uターンする2年ぐらい前だったかな。最初は熊本に帰るつもりは1ミリもなかったので、掃除とかに通っていたら、とてもたいへんなわけ。やっときれいになっても、また留守にするじゃない。雨戸や鍵を閉めていると、家から『見捨てるの！』みたいな雰囲気がして。毎回すんごく気が重かった。

ある時ふと、『私が住んじゃったほうがラクなんじゃないか』と思った途端に、パーって雲が晴れたの。心の負担がなくなるし、親にもしょっちゅう会いに行ける。誰が帰るとか、きょうだいで相談する面倒もなくなる。あとは、何十年も離れて知らない街になっているから、地方に住みたい願望もかなう。猫も飼えるし、チェロも弾き放題（笑）。

仕事だけが心配だったけど、もうそんなに書いてなかったし、ちょうど連載が終わって今がチャンスかなと。東京だと家賃の負担が大きくて、そのために仕事しなくちゃいけない。実家だとそれがないの

レコードやＣＤも減らせないものの代表。この家にきて、これらをゆっくり聴いてたのしむ時間ができたので、手放さなくてよかったとつくづく思っている。

熊本に帰るにあたって、たくさんのものを減らしてきたが、各地で集めた石ころは手放せなかった。「石はほんとうはその場所から動きたくないのに、『大事にします』って私が連れてきちゃったから、そう簡単には捨てちゃいけない」のだ。

も気持ちがラクだったよね」

こうして44年ぶりに、吉本さんは62歳で故郷に帰り、新たな生活をスタートさせた。

「最初の1年ぐらいは現実感がなくて、自分が実家にいるのが不思議で仕方なかった。夢を見ているようなふわふわした感じ。家族がいないから実感できないのかもしれないですね。仕事はたたんできたつもりだったけど、思いのほか、こちらでも書ける仕事がぽつぽつとくるようになったの」

18歳の時、インテリアが嫌でとびだした昭和の一軒家は、この年で暮らしてみると昔ほどの違和感はなかった。今なら障子の良さもわかるし、ちょっと前まで好きだった、シンプルで洗練されている家のほうがきつく感じるほどだ。

とはいえ、両親のものがたくさんあるから、折り合いをつけて暮らす必要はある。長い時間を過ごす居間は、吉本さんが持ち帰った家具を中心に並べていて、20年以上連れ添ってきたテーブルやイスが、古い日本の住宅に馴染んでいる。家具においても「おばあさんになっても似合うかどうか」を目安に選んできたのが幸いした。

Uターンして丸2年が経つと、少しずつ知り合いや行きつけの店も増え、熊本暮らしのペースもつかめてきた。規則的には生活できない性分で、朝起きる時間はばらばらだが、起きるとまずするのは猫のトイレの掃除と決まっている。

「それから（お仏壇の）父のお花をきれいにして、お線香をあげて。雨戸の開け閉め、掃除、ゴミ出し、庭を見て……とやっていると、すぐ2時間ぐらいたっちゃう。ここまではとにかく作業だからテキパキやる。終わったら、やっとコーヒーいれて、新聞読んで、クッキーを食べてひと息つく。これは昔からの習慣。朝の息抜きはこれですよみたいな感じで、やらないとダメなのよ」

昼食はとらずに1日2食。夜はきょうだいや友だちなど誰かと一緒じゃない限り外食はせず、自炊料理を家でゆっくり食べている。

「ひとりで夜ごはんを食べにいけるのが大人とか言うけど、私は行けない。ランチならまだしも、ひとりで外食は苦手。別にそれでいいんじゃない？　無理することでもないと思う。ただ、お寿司は別かなあ。前にひとりでカウンターに座っていたおばあさんを見かけたけど、かっこよかったねえ。パッと食べて、パッと帰る。あれはやってみたい（笑）」

誰かとしゃべりたくなったら週に2〜3回は馴染みのカフェに行く。チェロの先生も無事見つかった。

「最近やっとチェロらしい音が出るようになった。楽器をやる人が『あるところから急に入るんだよ』とよく言うけど、私はいつもその前でやめていたのね。ようやくそれが理解できたの」

庭に面した障子の前に仕事机がある。外は明るく、家の中は少し暗い。日本家屋が持つ陰影を好ましく思っている。

長年愛用していたライトが、この家にも似合ってくれた。日本のデザイナーによる、涙のしずくをモチーフにしたもの。

友だちがよく泊まりにくるので、２階の客室だけリフォームをした。お気に入りのイスを置いてちょっとホテル風に。

60代は先が見えてしまうから

東京にいる頃は、ずっと体調が悪かった。胃を痛めていたし、胆石ができて、不眠症もあった。

「ストレスだろうなあ。何でだろう？　ああ、こういうのが嫌だし、このことも気になっているんだ。じゃあ、それを消すにはどうしたらいいかな？」

憂鬱に気づいたら、その気持ちに目を向けて、原因を探し、取りのぞく方法を考える。迷いの多かった吉本さんだが、それを見過ごさないようにしてきた。放っておくと、〝もやもや〟はむやみに大きくなる。正体がわからないからこそ、不安になるのだ。

チェロとは30年以上のつき合いで、ようやく弾けるように。ウクレレは少し習って挫折。

熊本に帰ればいいんだ！　と気づいた時、心の負担が一気に軽くなった。友だちと別れるのは、もちろんさみしかった。でも、ストレスから解放されたい、自由になりたい気持ちのほうが強かったのだ。

熊本に移って新しい生活になり、新しい人間関係を深めていく過程を、今はたのしんでいる。東京からの友だちもしょっちゅう遊びにくるようになった。自立はするけど、孤立はしないように。ひとり暮らしだからこそ、人とのつき合いを大切にしている。

そして、たいしたことじゃなくてもいいから、本を読んだり、音楽を聴いたり、好きな場所を見つけて散歩をしたり。やりたいことをたくさん持つのが、ひとりの幸せを味わうコツだと話す。

「60代になると、先が見えちゃうんだよね。元気でいられるのはせいぜい10年ぐらいだと思うと、やれることに制限が出てくる。もっと長生きかもしれないけれど、私は、自分の好きなことを、自分の意志で、自分の力でやりたい。そう考えると、80歳ぐらいまでじゃない？　この生活はいつまで続けられるかなと思ってる。一軒家は体力的にたいへんなのよ。雨戸の開け閉めも庭の管理もね。私ができる限りは住むけど、できなくなったら出ていくしかない。そうしたら、もっと街に近い、年寄りでも買いものに行けそうな、小さなマンションに引っ越したいな」

次に住むのも熊本。東京に戻るつもりも、ほかの土地に移る気もないと言う。

「おばあさんになってから新しい環境に移っても、友だちが作れない気がする。今はまだ好奇心もある

コーヒー、クッキー、新聞の３セット。朝の日課を終えたあと、くつろぎ時間に欠かせないもの。

し、人とおしゃべりしたりとか、あそこ行ってあの人に会いたいとか、いろいろあるんだけど、これ以上年をとると、気力がわかないと思うから」

それはどのぐらい先のことかわからないけれど、小さな部屋で、相変わらず猫とチェロを引き連れて暮らす吉本さんの、すっきりした表情が目に浮かぶ。その時には、たんすの中に眠らせていた書生風の服に袖を通しているだろう。

学生時代に通っていた映画館「電気館」は、帰郷してからも行きつけの場所になっている。

1日の時間割

7：00～9：00
起床（時間はその日による）

起きてすぐ猫のトイレ掃除、仏様のお花の水かえ、お線香、掃除、ゴミ出し、庭チェックなど、ひととおりの作業をすませる

ひと段落したらコーヒーをいれ、クッキーを食べながら新聞を読んでひと息いれる

9：00～11：00
ほっとしたところで朝ごはんを準備し、朝ごはん

昼食はとらずに、その日の予定をこなす

仕事がある日は執筆
ない日は行きつけの店や散歩に出かけたり、チェロを弾いたり

買いもの

18：00～
ぼちぼち晩ごはんの支度

19：00～20：00
晩ごはん

23：00～26：00
就寝

年表

10代	実家を出て東京へ セツ・モード・セミナーへ入学
20代	『スクリーン』編集部で働く。 高田馬場の古い一軒家で、ひとり暮らしスタート（のら猫の保護＆里親さがしはこの頃から。やがて最初の猫を飼いはじめる）
	大橋歩さんのアシスタントに就く
	『アン・アン』編集部に入る。 編集アシスタント、スタイリングを担当
	この頃、チェロを買うもなかなかモノにできず
	スタイリストを辞め、角川事務所で映画雑誌の編集職に就く
30代	スタイリスト業を再開
	引っ越し（1回目）。 小金井の一軒家に移る
	引っ越し（2回目）。 天現寺のマンションを購入。ものを少し減らす
40代	引っ越し（3回目）。 東山のマンションに移る。ものがまた増える
	引っ越し（4回目）。 千駄ヶ谷のマンションに移る。もの離れを決意し、スタイリストを辞める。執筆中心の生活に切り替える
	引っ越し（5回目）。 白金台の庭つきマンションに移る（以降、14年間住む）
	バーテンダーの修行をはじめる（以降、10年間続ける）
50代	仕事で地方取材が増える
	地方での暮らしを意識するように
60代	引っ越し（6回目）。熊本の実家にUターン

Life 2
山中とみこ

50代
最後のリフォーム

住まいに満足していれば
幸せと思える

山中とみこ
1954年生まれ。大学では福祉を学ぶ。古道具店の店主などを経て、デザインから縫製までをひとりで手がける洋服のレーベル『CHICU＋CHICU 5/31』を立ち上げた。自宅アトリエ展ほか、個展・企画展などを中心に、なるべく顔の見える関係を大切にしながら、シンプルで素材感のある大人のウェアを展開している。
ホームページ「CHICU CHICU 5/31」
www.chicuchicu.com

4畳半＋6畳＋台所からのスタート

都心を少し離れたかつての新興住宅地。14階建てマンションの最上階に、山中とみこさんの住まいがある。リビングの窓の外には眺めを遮るものはなく、空から差し込むやわらかい光が部屋のすみずみまで行き届く。ものが少ないすっとした空間に、ベニヤ張りの床、古い家具などが風合いをあたえて、なんとも居心地がいい。まるで山中さんが作る服の、洗いざらした白いリネンのような、そんなたたずまいをしている。

終の住処として、山中さんが自宅を見直し、リフォームしたのは一昨年のこと。もっとシンプルに、始末のよい生活ができるようにと、自分で図を描いてプランを練った。長い年月をかけてたどり着いた暮らしのスタイルを、最小限の施工の中で形にするのは、実におもしろい作業だった。

山中さんが衣食住の大切さに気づいたのは専業主婦時代。23歳で結婚し、ふたりの子どもが小学校に上がるまでの11年間は家庭に入っていた。「何かをしなければ」との思いはつねにあったが、子どもの服を作るようになったり、有機栽培の野菜を取り寄せる共同購入に参加したり、暮らしの中で見つけたたのしみの数々が焦燥感を埋めてくれた。

「着せたい子ども服がないから、自分で作ってみようかなと、ミシンを使いはじめたんです。子どもをおんぶして、メーター100円とか200円の生地を、バーゲンに並んで買ってました。その頃はまだ、私も元気があったのね。朝から晩まで育児と家事をしていたから、ミシンが使えるのは子どもがお昼寝の時間だけで。うまくふたりが一緒に寝てくれないとたいへんだったんですよ。でも、それを着せて砂場デビューするのが、すごく気持ちよかったの（笑）。みんながどうしたのって、言ってくれるじゃない？褒められるとうれしいのよね。

共同購入は、当時の先駆けだったと思います。近所に山形から取り寄せてるグループがあって、入れてもらえたの。もの選びにこだわりがある人たちだから、おしゃれな人が多くて、家もかっこいいんです。遊びに行く度に刺激を受けて、インテリアに興味を持つようになりました」

この頃から、古道具に惹かれるようになり、日曜日には子どもふたりを連れて骨董市に足を運んだ。「欲しいものはいっぱいあったけど、当時の自分には高くて買えなかったの」と、1枚500円から手が届く豆皿を集めていたそうだ。

下の子が小学校に入ると、すぐに仕事を開始。2

年ほどリフォーム会社で働いた後、好きなものを集めて自宅ショップを開くようになった。当時住んでいたのは公営団地で、6畳＋4畳半＋台所の間取り。子どもの2段ベッドや机、テレビボードを置くと部屋はいっぱいだが、週に2回、ショップをオープンする日だけは、生活感を隠して商品を並べた。扱っていたのは作家の器や、木工、染めもの、そして古道具。豆皿から入った古道具の世界では次第に知り合いが増え、市場に連れて行ってもらうようになり、やがては自分も仕入れる側になっていたのだ。

「その頃は自宅ショップがめずらしかったから、口コミで遠くからも人が来て、意外に評判が良かったんです。でも、何しろ狭い家だったからみんなびっくりしてたのよね。『ここで4人暮らしてるんですか?』なんて（笑）。一度、日曜日の朝からピンポンが鳴って、何だろうって見たら、開店日を間違えたお客さんが来ていたの。まだパジャマだし、家族みんないるし、開けるに開けられませんでした（笑）」

売れ行きは順調だったが、集合住宅のルールで自宅では物販ができないことがわかり、3ヶ月で辞めざるを得なくなる。商品は仕入れ済みで在庫があるし、手応えも感じていたのに。悩んでいるタイミングで、近所に古い借家を見つけ、ダメもとの家賃交渉が通る。山中さんは36歳で古道具店の主になった。

自分の仕事にたどり着くまで

店は4年ほど続けて、実家に暮らす母が病気になったのをきっかけに、看板をおろす。山中さんは、家族それぞれに留守を任せ、3ヶ月ほど故郷に帰って看病に専念した。

「お店の経営は、いつもギリギリの状態でした。子どもたちの学校のＰＴＡも、サッカーの当番もあっ

次男独立後にリフォームしたアトリエ。リビングの窓をのぞみながら仕事ができるよう、壁を抜いている。

アトリエの収納棚に、古い布などがストックしてある。もとは和室の押入だった場所に棚をつけてペイントした。

て、時間的にも余裕がなかった。疲れていたのよね。母の看病からもどった時に、今までとまったく違うことがしたいと思いました。自治体の広報紙に、特別支援学級の副担任の募集を見つけて履歴書を送ったら、パスして、臨時職員になったの」

学級の子どもたちと関わる中で、図工の時間に一緒に何かを作るのが、とても新鮮でたのしかったと話す山中さん。「もの作りがしたい」という気持ちが芽生え、任期を終えた後は作り手を目指そうと、自分にやれることを考えた。思い出したのはミシンの存在。子どもが小さい頃に使っていたミシンならできるかもと、オリジナルの洋服を作りはじめた。

「最初は店時代のお客さんの中から、洋服に興味がありそうな方に手紙を出して、自宅で展示会を開いたんです。10〜20枚ぐらいしか出さなかったけれど、みなさんきてくれたんですよ。名前は『スタジオー401』と部屋番号からつけて、季節ごとに1回、展示会を開くようになりました」

その頃の住まいは、以前の公営団地から、現在の14階建てマンションに引っ越していた。3LDKと前よりは広くなったものの、大きくなった子どもたちに2部屋が占領されているし、もうひとつの和室は家具がいっぱいと、相変わらず恵まれた条件ではなかったが、展示会を開く際には廊下に服を吊し、それらしく見せた。

やがて故郷の母が余命宣告を受け、ふたたび実家に帰り看病をした。母を看取った後、「やりたいことを、やろう」との決意を新たにする。レーベルも『CHICU + CHICU 5/31（ちくちくさんじゅういちぶんのご）』と改め、ひと月に5日間、自宅アトリエをオープンするスタイルにした。

2003年、49歳で立ち上げたCHICU + CHICU 5/31は、多少の変化をたどりながら軌道に乗り、現在に至っている。

山中さんが手がける『CHICU + CHICU 5/31』のワンピース。これは展示用に、アンティークのリネンで作った参考商品。

老後に向かって
シンプルに始末良く

今のマンションに移り住んだのは、1996年のことだった。当時築24年の中古物件は、どことなくチープでへんにゴテゴテしていないところに好感が持てた。ほかの物件は、バブルの名残か洗面がシャンプー台になっていたり、あちこち色がついていたり、ムダに豪華なのが嫌だったのだ。

いちばん気に入ったのは、やはりリビングからの眺めである。それを活かすために、入居からずっとカーテンをかけずに過ごしている。「冬なんか冷えるんだけど、主人と『寒いね』って着込みながら、それでもカーテンはつけない」そうだ。

洋服作りをはじめて、自宅を仕事場にするようになり、いかにも昭和な間取りを変えたくなった。自分でやれば予算が抑えられるのではと、友人のだんなさんに協力してもらい、和室の畳を外してリビングとひと続きにする大改装に着手。床に板を張り、その床から壁、天井までをペンキで白く塗った。

その後、子どもたちが独立し、子ども部屋が、夫婦それぞれの個室になった。

「やっと自由にできる!」

次男が使っていた4畳半の和室は、古いもの好きな若い職人さんにリフォームを頼み、山中さんのアトリエとして生まれ変わった。公営団地の頃は狭いスペースでやりくりし、このマンションで洋服作りをはじめてからも、リビングにミシンや生地を広げて、家族が帰ってくると片づけて……と、ずっと不自由だったから、自分のアトリエを手にした喜びは大きかった。

それから数年が経つと、夫の個室だけリフォームしなかったことが気になりはじめる。収集癖がある夫に対し「今、思い切って片づけないと、寝込んでからはできないし、狭い部屋だからこそ、収納をき

リフォームで機能的に生まれ変わった夫の部屋。ものがすっきり収まるよう、計算しながら壁面収納を造りつけた。

ちんと作りましょう」と説得を続けた。還暦も過ぎていることだし、リフォームを機に、持ちものも減らしてほしかったのだ。

夫は、なかなか首を縦には振らなかったが、たまたま近所で見本公開していたリフォーム済み物件を一緒に見に行くと、ようやくその気になった。

「見本の物件が良かったから、同じ工務店に施工をお願いしたの。私がだいたいの希望を固めて、設計図は建築家を目指している若い友人に起こしてもらいました。完成を見たらキッチンなんかもやりたくなっちゃって（笑）。でも予算がないでしょう。私の好みでリフォームするなら自分の稼いだお金でやりたいし、その時はあきらめたんです」

しかし、その後ほどなくして、山中さんが仕入れのために予定していたフランス行きが中止になる。

「ならば旅行用に貯めていた予算を使おうと。これが最後のリフォームのつもりで、気になっていたところを見直しました」

リフォーム工夫のあれこれ

イケアで選んだキッチンは、作業台の使いやすさを優先したＬ字型。シンクに立った位置から、窓の外の景色を眺められるようにもなった。

高さを持たせたキッチンカウンターは、目隠し効果も収納量も優秀。「ものが見えずにすっきり」を徹底したダイニングコーナーは、最高にくつろげる場所となった。

自分用の個室は仕事場になっているため、リビングにベッドを置き、ここで就寝するよう発想を変えた。日中はカバーをかけてソファ代わりにしている。

洗面所のボイラーはあえて隠さず、工業っぽい雰囲気になったらおもしろいと、がっちりシャープな洗面台を選んだり、ところどころに古道具を並べたりしている。

以前キッチンで使っていたタンスが、玄関のすき間にぴったりだったので、引き出しを外し、靴箱として再活用。画一的な玄関に古い木の質感が味わいをもたらしている。

床はコンパネ敷きにして、大幅に予算を削減。ざっくり質感がかえって好みの仕上がりになった。ふつうの板張りのようにみぞがないため、すっきり見える効果も。

廊下にある収納の扉が気に入らなかったけれど、実は裏側がいい表情をしていると気づいた。近いうちに、裏表をつけ替えようと企てている。

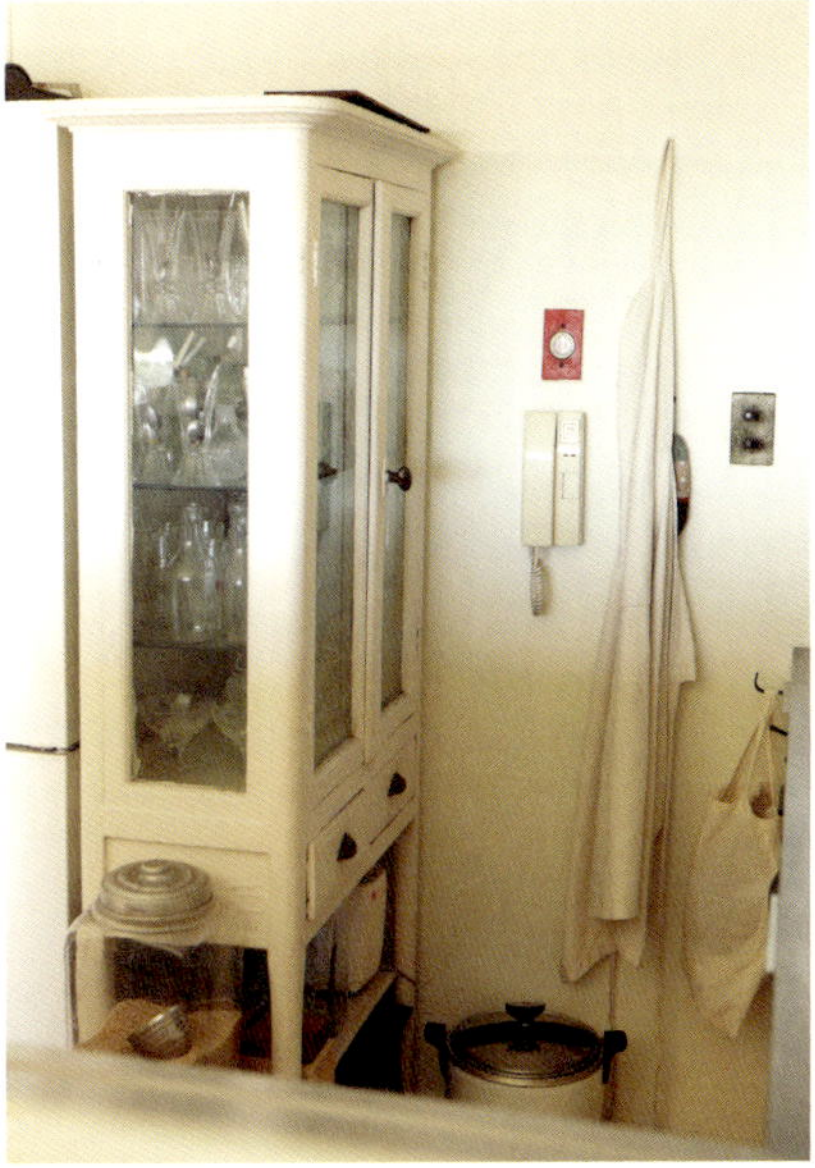

収納棚を造るつもりだったキッチンのコンロ前にも、別の場所で使っていたキャビネットがちょうど良く収まり、リフォーム予算の削減に貢献。

ようやく手に入れた満足感

キッチンを中心に、リビングと、できれば洗面所とトイレもお願いしたかったが、いざ見積もりをとるとキッチンだけでも払えないほどの金額になってしまった。何しろ、ちょっと余裕を見た海外旅行程度しか、予算はないのである。これではダメだと、ひとつひとつ、内容を見ながら減らしたり、変更したりを加えていった。

まず、キッチンは安くてシンプルなイケア製に変更。これは施工が独特で手間がかかるらしく、工務店さんから「うちはかまわないから、イケア専門の人に頼んで欲しい」と言われ、手配した。それでも予算は削減できた。

つぎに床。ふつうに張るといちばん予算がかかる場所なので、ここは削るしかなかった。いっそのこと板は張らずに「コンパネ（下地に使うベニヤ板）のままで」とお願いした。

あとは細かいところだが、棚を造るのは大工さんで、扉をつけるのは建具屋さんだから、家具を造りつけるのは意外に工賃がかかる。なるべく省こうとやりくりしたら、思わぬ結果が得られた。

「キッチンに収納用の棚をつけたかったけど、あきらめたの。そうしたら、偶然にもそのスペースに、手持ちの家具がぴったりはまったのよ。あの時無理して造らなくて良かったと思ってます。全体像が見えないうちに、細部まで完璧にやらないほうがいいのかもしれません。土台さえできたら、後は住みながら工夫したっていいんですよね」

ほかにも、以前キッチンで使っていたタンスを、本体は玄関に移して靴箱に（P37左上写真参照）、外した引き出しはカウンター収納の中で使う（P43下写真参照）など、なるべく再利用できるようにあらかじめ計算したそうだ。

「若い頃と違って、なるべくものを捨てないで、活用したい気持ちが強くなりました。今までせっかく愛着があって使ったものだし、シンプルを目指すのであれば、ものをムダにするのは本末転倒な気がするんです。今はある程度、自分なりの満足した空間を持ったので、そこに合うものが見つかるまで、焦らず急がずにアイデアを待てるようになった。たとえば、廊下にある収納の扉を変えたかったけど、予算がないからひとまずペンキを塗って保留にしたんです。最近になってふと、裏返せばいいんだと気がついて。裏はコンパネのような粗い木肌だったんですよ。そうやって工夫したほうがおもしろい空間になるし、ひらめいた時にうれしいんですよね」

山中さんが今回のリフォームで目指したのは、機能的になることと、部屋全体がよりすっきり見えることだ。以前のセルフリフォームの仕上がりは、ジャンクな感じがいいと思ったし、雑誌にそのインテリアが紹介されることで、出会いが広がるという思わぬメリットにもつながったけれど、実はだんだん〝手作り感〟に飽きてしまっていた。「シンプルなベースに古いものを置くぐらいがちょうどいいのだ」と、今は思っている。

ふだんは自宅で仕事をしている山中さん。服を作っていると、どんどん部屋が散らかっていくから、いろんなものが目に入るとイライラしてしまう。とはいえ、マメに片づけることはできないし、きっちりすると息苦しくなる。だから表に出すもの、目につくものを厳選することにした。山中さんにとって、大事なのは視界にどう入るかなのだ。

「たとえば、キッチンのカウンター。テーブル側からは、キッチン内がのぞけないようにしたところ、いつもすっきり見えるようになりました。『片づけてない！』ってストレスが減って大正解」

収納ルール1　白は見せる

山中さんにとって「白」は見せてもいい色。リビングのベッド脇の収納には、白い服だけを並べている。

古いパンケースは、リビングの目立つ場所に置いてある。しまうのは、見せてもいい「白」の器に統一。

「白」のほか、透明な「ガラス」も見せていい存在。キッチンのキャビネット内はガラス素材で揃えている。

収納ルール2　色はかくす

リフォーム時に、大工さんに造ってもらった収納は、白い扉ですっきり。

↓

中には見せたくない「色柄」の服のほか、寝具などを収納。来客時にはテレビもここに隠してしまう（左下）。

ダイニングの周りにものを出さないよう、キッチンカウンター下に収納棚を造りつけた。

↓

中には見せたくない「色柄」の食器を収納。上段の引き出しは、玄関にあるタンスから外したものを計画的に再利用。

長年、狭いところでいかに住みこなすかと、工夫を凝らしてきたからこそ、今回のリフォームでは「こう暮らしたい」という自分のポイントを、反映させることができた。

「住まいに関しては、ずっとマイナスを背負ってきましたからね。このマンションだって、よその人から見たら広くないだろうけど、私からすれば今が人生でいちばん広い（笑）。子どもが独立して、ようやく得たわけですからね。最初から手に入れてたら、思わなかったかもしれません。時々、雑誌でおしゃれなインテリアを見ても、みんな同じ様に感じちゃうことがあるんです。努力じゃなくて、マネをしているだけ、だからなのかも。お金さえ出せば叶うものは、いくらすてきに暮らしていても、私にとってはつまらない。切羽詰まった努力の中から生まれるから、ひと味違ったおもしろさが出るんだと思います」

５人の孫を持つ山中さん。ベビー服のライン『チクチクベビー』では、使い心地とシンプルデザインを兼ね備えた、パンツ＆スタイ、授乳用ケープなども展開している。

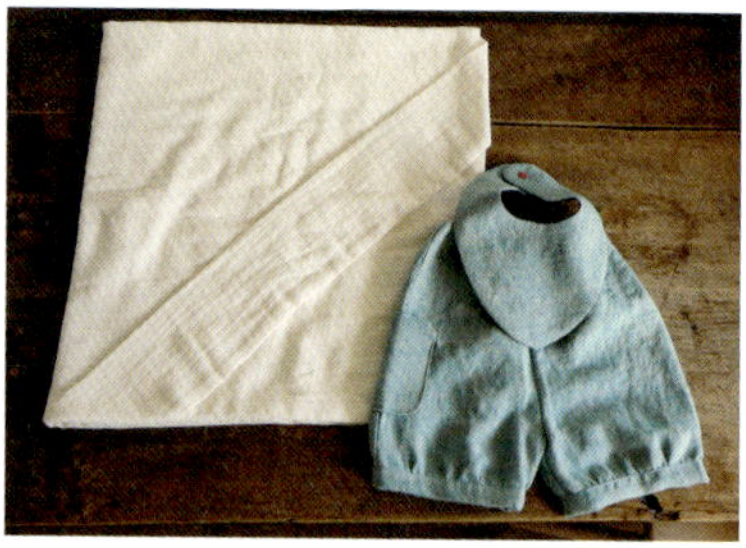

1日の時間割（仕事の日）

4：30
起床　夫の弁当作り

5：00
二度寝でうとうと

7：00
再び起きる
ヨーグルトやフルーツで
軽い朝ごはん

9：00
作品作り

11：00
昼ごはん
一日でいちばん
しっかり食べたいので
ごはんものを作ることが多い

ふたたび作品作り

17：00
買いもの

18：00
晩ごはんの支度

19：00
晩ごはん
お酒を飲むのでおつまみ程度で、
米はとらず

22：00〜23：00
つい、うとうと……

24：30〜
再び起きて
支度をしてから就寝

年表

10代	実家を出て、東京の福祉系大学へ
20代	結婚　アパートに住む
	長男出産 子育て環境を考え、公営団地に引っ越し
	子ども服を作りはじめる
	次男出産
30代	次男小学校入学と同時に、勤めに出る リフォーム会社でディスプレイを担当
	自宅ショップオープン
	古道具店オープン
40代	店を閉めて、母の介護へ
	特別支援学級の補助職員になる
	現在のマンションに引っ越し
	『スタジオ 1401』を立ち上げ、オリジナルの服作りをはじめる
	リビングをセルフリフォーム
	再び母の介護へ
	『CHICU ＋ CHICU 5/31』を立ち上げる
50代	長男独立　長男の部屋は夫の個室に
	次男独立　次男の部屋は自分の個室に アトリエとしてリフォーム
	夫の個室をリフォーム
	キッチン、リビングなどをリフォーム

そこへ
There
人生とは
まだ知らない
「あそこ」への旅！
はじめての
イタリアワイン
古川日出男
レイモンド・チャンドラーの生涯

Life 3
大久保紀一郎
大久保美津子

40代
自分の店を持つ

定年まで待っていたら、できなかった

大久保紀一郎
1958年生まれ。オーダーメイド服を扱う企業に就職し、24年間の会社員生活を送る。2005年に退職し、東京・水道橋に食堂「アンチヘブリンガン」をオープン。厨房を担当。趣味はサッカー観戦、読書、映画鑑賞。

大久保美津子
1956年生まれ。父が料理屋、母が薬屋を営む家庭に育ち、大学卒業後は両店を手伝う。料亭や図書館などでのパート勤めを経て、「アンチヘブリンガン」の接客担当に。店では旧姓の山崎を名乗っている。趣味は読書、墓地のジオラマ作り。

24年間勤めた会社を辞めて未経験のまま、店を開いた

「料理はずっと好きだったけど、不可能だと思ってましたからね。店をやるなんていうのは。ぜんぜん現実的じゃないと思ってました」

厨房から出てきた大久保紀一郎さんは、店でいちばん大きなテーブルに腰をかけると、さっきまでフライパンを揺すっていた時とは一変してやわらかい表情になり、独立するまでの始終を聞かせてくれた。あと1年早く生まれていたら退職金が倍になったのに〝ついてなかった〟エピソードから、オープン当初はただ素直に得意料理ばかり出してお客さんを待たせていた失敗談まで、洗いざらいに話す様子から

飾らない人柄が見えてくる。

紀一郎さんとパートナーの美津子さんが営む店、「アンチヘブリンガン」は東京・水道橋にある。不揃いな木の床、まばらに塗られたコンクリートの壁というざっくりした内装に、アンティークのテーブルを置き、古いガラス戸を間仕切りにして、大きな窓の前に大きな本棚を取り付けている。店の明かりは小さく灯す程度がいいと、窓から入る光の具合を見ながら加減しているそうだ。料理のジャンルは決めていないが、たとえばイタリアのバールのように、あるいは東京のそば屋のように、人々の生活に気軽に寄り添える食べもの屋を目指している。

そもそも紀一郎さんが料理に目覚めたのは大学時代。当時、フリスビーとバスケットボールのサークルを通じて美津子さんと出会い、「おもしろがることが一緒」でつき合うようになった。美津子さんの実家の料理屋でバイトをしたのが料理に触れた最初の経験。さらに同じ頃、伊丹十三の『ヨーロッパ退屈日記』を読んで衝撃を受け、伊丹氏流のスパゲッティ作りにはまったと言う。どうりでアンチヘブリンガンのパスタの固さが絶妙なはずである。紀一郎さんは凝り性らしく、餃子にはまれば餃子ばかり、ラーメンと思えばスープから作り出す、そんな人なのだと美津子さんが笑いながら教えてくれた。

しかし、料理はあくまでも趣味。自身の父がサラリーマンだったこともあり、自然な流れで卒業後はオーダーメイド服を扱う企業に就職をした。

「洋服が好きだったし、給料も良かったからね。ふだんはカジュアルな服を着て

たけど、就職するなら本物っていうのかな。接客も好きだったしね」

銀座の店頭で15年に渡り販売を担当した後、企画に異動。DMやカタログの撮影に立ち会ったり、ネクタイなどの小物を仕入れたり、イタリアの展示会にも何度か行く機会をもらった。おもしろい仕事ではあったが、40歳を過ぎたあたりから「このままでいいのか」と、自分の道に疑問を持つようになる。

「洋服はたしかに好きなんだけど、1着20万も30万もして、とにかく売ることが目標じゃないですか。それって、何かのためになってるのかなあ……と。会社に勤めながらも食にはずっと興味があったから、それならば安全な野菜をね。一所懸命作っている人たちを応援するほうがいいんじゃないのかなって。イタリアに行くと、日本みたいに大企業が多くないんですよね。ネクタイ屋さんもシャツ屋さんも家族経営でそれぞれ個性があるし、レストランもその頃はぜんぜんチェーン店じゃなくてね。どこの街にも地元のレストランがあって、その街でしか食べられない料理がある。すごいなあ、いいなあって。それでなんかね。小さいながらも、生産者を大切にし、自分たちの美意識も大切にし――みたいな店を、やりたいなあと思うようになったんです」

元手の資金もないのに店なんか不可能だと頭では思いながらも、なんとなく不動産情報をチェックしているうちに、現在の物件に出会った。エリアは希望通り。広さもちょうどいい。2階だから相場より家賃が安く、ガラス張りで外から見える。

実はこの物件、最初に見つけた時にはすでに借り手がついていたが、なかなか店が入らないので再度不動産屋に問い合わせをしたところ、キャンセルになってまだ空き家ですと告げられたそうだ。紀一郎さんは心の中で「あっちゃ――」と思った。

「空いてんだって、困っちゃったなあって、この人

仕入れは週２回、築地まで出かける。前日は寝袋で店に泊まり、早朝からこの自転車をこいで行く。

（美津子さん）に言って、物件を見に行った。どうしようかと思ったけど、借りちゃったんですよ」

一度あきらめた物件が再び目の前に現れ、神様に背中を押されたような気持ちになったと、紀一郎さんは冗談めかす。ここで言う〝神様〟はふたりの直感なのかもしれない。とにかく、退職金を元手に、借金もして、飲食店など未経験にもかかわらず契約を結ぶ。2005年、紀一郎さんが47歳、美津子さんが48歳。会社にはなかなか辞めることを言い出せず、すでに家賃が発生しているのに「今日も言えなかった」という心苦しい日々をしばらく過ごした。

土日祝日休みは最初から決めていた

準備にかけた期間は約3ヶ月。内装デザインは『アンティークス タミゼ』の吉田昌太郎さんに頼み、自分たちも作業や家具作りなどに手を動かした。

「タミゼの雰囲気に、すんごい惹かれるものがあった。これは僕と同じ趣味って言ったら彼に失礼だけど、静かでいい空気が流れてる。僕が洋服屋をやっていてたいへんだったのは、職人には職人の美意識があるのに、その職人を説き伏せて、ちょっとくだけたものを作ってもらいたい時でね。たとえば『わざとシワ作ってよ』とか言うお客さんもいるんですよ。でもそんなの職人としては絶対に嫌なわけ。パリッと鉄板みたいな服を作りたい、とくに日本の職人は。それで苦労してたから、店の内装をやるにも間に立つ人が必要だと思った。ピカピカの床にはされたくないからね」

紀一郎さんと美津子さんには、長年培ってきた〝好き〟が積もりつもっている。「どのような店にしたいか」というイメージもはっきり描けた。

オープン前からふたりが決めていたことのひとつ

店名「アンチヘブリンガン」は、小津安二郎監督の映画『秋日和』に出てくる薬の名前からつけた。

に禁煙がある。お酒を出す店で禁煙は思い切りが必要だったが、美味しく食べてもらう場所を提供する身としては、食事中にたばこの煙が気になるのは避けたい。店の前に灰皿を用意し、吸いたい方はそこでお願いすることにした。

　もうひとつ、どうしてもゆずれなかったのは土日祝日を休むことである。紀一郎さんはサッカー好きで熱烈なFC東京サポーター。試合観戦が優先順位の第一なのだ。飲食店なのにその条件とは「今思うと気が狂ってるよね」とふたりは笑うが、そのために現在の立地を選んだのだから計画的だ。アンチヘブリンガンは、少し歩けば神保町という場所にある。周囲はオフィスと学校ばかりだから土日の人出は少なく、平日勝負に出られるとふんだ。

　とはいえ、ふたりが本好きだったことも、神保町に近いエリアを選んだ大きな理由である。実際に店がはじまると、場所柄で界隈の出版関係者が訪れるようになり、紀一郎さんが自作した大きな本棚には、お客さんが持ち込んでくれる本も並ぶようになった。休日には空いている店内でバザーや句会が開けるから、本業とは別の使い道が増えた。本気で好きを貫いたら、自然にたのしみが広がっていった。

基礎的な修行をせず、飲食店のまわしかたなどは何もわからないままに、やりながら気づいて、その都度変えていったと言うふたり。でも、せっかくの個人店なのだから「思いきり個性を出したい」と思っている。大きな声ではうたわないが食材は信頼できる店から安全なものを仕入れる。前菜以外の作り置きはなるべくしないで野菜なら泥を落とすところから料理する。たとえ何名の集まりでも飲み放題はしない代わりに時間を区切って回転させたりもしない。変えたこと、変えないことを交えつつ、オープンから2年、3年、4年と時間が経つに連れて、だんだんとパターンやスタイルができあがっていった。

母親業をとことんやった日

店を開くまでの紀一郎さんは洋服屋一筋。では美津子さんはどうだったのだろう。

「家事手伝いですよ。実家の料理屋と薬局でいいように使われて、就職もせず」とちゃきちゃきな調子で話す。この美津子さんの明るさで、アンチヘブリンガンの接客は成り立っている。飾らないところは紀一郎さんと共通だ。

子どもが生まれてからもじっとはしていられない性分で、子連れで薬局に通っていたと言うが、幼稚園の時期だけは母親業に専念した。ただし、入ったのは一般的な幼稚園ではなく、「幼児生活団」と呼ばれる親参加型の教育活動グループだ。

「友だちの母が指導者をやっていたので、見学に行って、そのまま入りました。週に2~3回なんですけど、指導者や母親も含めて全員分の食事の支度から下の子の託児まで、ぜんぶ親たちが当番制でやるんですよ。栄養価や廃棄率の計算とか、鳩やうさぎの小屋の世話、卒団式の服作りも。先輩から習って、衣食住をたたき込まれるんです」

代々受け継いできたそのやり方は、ともすれば時代錯誤と言われたり、近所の人たちからは「あの宗教の」と勘違いされたりすることもあった。

「すごく独特で、母親が生活団にきていることは、子どもたちには気づかれちゃいけないんです。まるで黒子の3年間（笑）。クリスマスには、子どもが台紙にテープやネジやいろんなものを貼った作品を、母親たちがそっくり真似て人形やオルゴールなどにするんです。手芸屋さんを走り回って材料を集めて。もちろん親が作ったのは内緒だから、子どもたちはびっくりするんですよ。あれは今もとってあるけど、捨てられないですねえ」

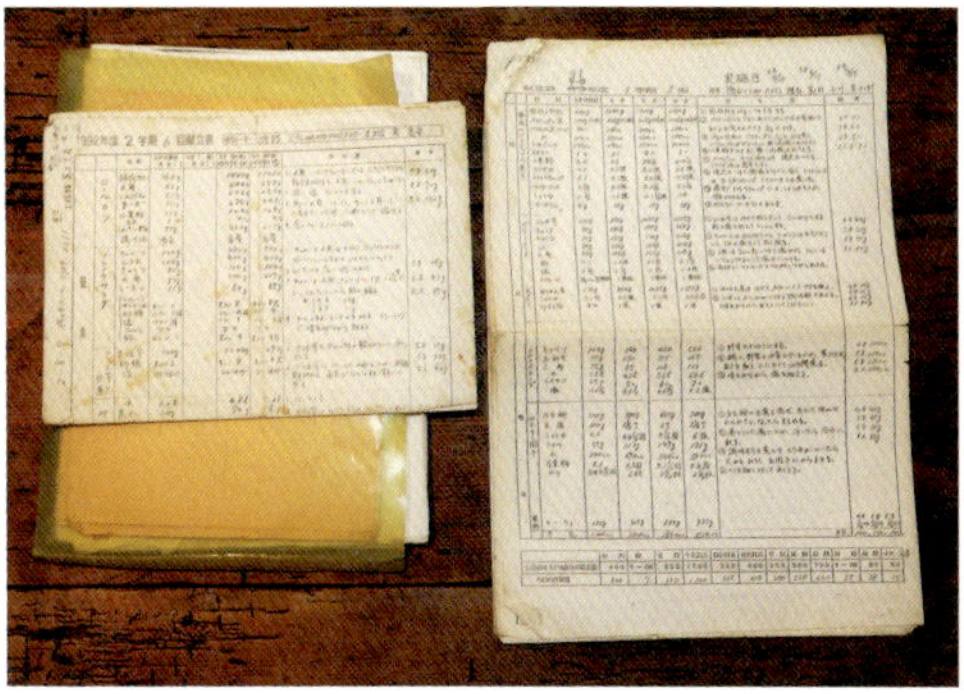

食事当番をやっていた時のレシピや計算表。店のデザートはこの当時覚えたものを出している。

生活団時代の思い出の品。右が子どもの作品で、左が美津子さんが再現した人形。

何でも子どもが主体で、本物を経験させる教育方針だった。お泊まりに行けば弦楽四重奏を聴き、いい食事をとる。遠足に行けばその思いが冷めないうちに作詞作曲をする。それを音符にするのはもちろん母親だ。美津子さんは今でも他の子が作った歌までうたえると言う。伝書鳩を飛ばす行事もあった。

「お母さんたちが作ったおいしいクッキーを食べながら、子どもたちが飛ばした鳩がもどってくるのを待つんです。晴れた日に、すっごい優雅。こんな幸せな時間ってあるかなあって。鳩がどんどん帰ってくるのが感動的なんですよ」

生活団での経験、教えてもらった衣食住の大切は、美津子さんの心身にしみ込んだ。食事当番で覚えたデザートを、今も店で出している。

「でも、うちの子には向かなかったみたいです。実家の父にも『いつまでも純粋培養してられないぞ』と言われて、小学校からは公立にしました。市販のおやつはあげたことがなかったんだけど、子どもの友だちがポテトチップスを持って遊びにきた時に『ああ、終わった』って(笑)」

時間ができた美津子さんはさっそくパートに出たが、選ぶのは子どもが帰る時間までに終わる仕事だ。料亭の仲居や文化会館の食堂などで昼過ぎまで働き、子どもの帰りを出迎えて、手作りのおやつを出す。中学生になってから図書館で夜まで働くようになり、いちばん長く勤めた。店をはじめてからも、お金がなくて土日だけ図書館へ働きにもどったりもした。

自分の両親が商売をやっていて、そのたいへんさを知っていたから、結婚するならサラリーマンが良かったし、結婚したのはそういう人だったはずなのに、人生はどうなるかわからない。でも、たとえ夫婦でも本人がそこまでやりたいってことを止めるなんてできない。「考えないで、流れには逆らわないのがいちばん」が美津子さんの持論だ。

ふだんが賑やかなので、ひとりで家にいる時はぼーっと過ごしたり、ゆっくり本を読んでバランスをとる。

店を
はじめてからのほうが、
人生がたのしくなった

寝室からは隣接した公園の緑が借景できる。あまり整えられていないワイルドなところがいい。

店をはじめてから、ふたりの生活はガラリと変わった。まず平日。もともと早起きな紀一郎さんが先に起きて朝ごはんの支度をする。仕事でずっと料理をしているが、家でもしたいと思うし、まったく苦にならない。店では洋食ばかりなので、家では和食を作りたくなる。朝はかつお節をシュッシュッとかくところから出汁をとるのが日課だ。

店には紀一郎さんが9時台、美津子さんが10時台に入り準備をする。オープン当初は通し営業だったが、肉体的にきつかったので、いったん閉めて「間の時間」を設けるようにした。買い出しも仕込みもそのほうがメリハリがつくし、身体も休められる。とくに夏は汗でどろどろになるので「この時間中に毎日サウナに行かないと耐えられない」と紀一郎さんは言う。勉強と称して外に昼ごはんを食べに行ったり、友人の個展に出かけたり、昼寝もする。

夜は6時から再び店を開け、一通りの料理を出して厨房が落ち着いたら、店の人間も飲みはじめる。お客さんと話すのがたのしいし、あまりせかせかやりたくないから、店を閉める時間はいつも遅くなる。

休日はたっぷり遊ぶ。

紀一郎さんたちの住まいは築40年以上のマンションで、交通の便が良く出かけやすいところ、隣りの公園の緑を借景できるところがとても気に入っている。休日のうち1日はそれぞれが好きなように過ごし、もう1日はふたりで何かをするパターンが多い。紀一郎さんはサッカー観戦。美津子さんは仕事中はずっとしゃべっているから、休みの日にはしゃべらない時間を作りたくて、本を読んでゆっくりする。ふたりでいる日は、好きな映画を観に行くなどだいたいは外に出る。

東日本大震災のあとに、オフの店内を使って開く

2DKのマンションに家族3人暮らし。かざるのが好き、ものはなかなか処分できない性分。

ようになったチャリティーバザーは、不定期ながらすでに12回を数えた。お客さんの主催でスタートしたもので、売上金は確実に被災者の方に渡るよう、縁を通じて復興プロジェクトや、被災障害者の支援団体などに寄付している。少し前には、震災後にはじめて収穫したお米を、被災地の方がお礼にと送ってくれたことも。つぎのバザーの際に、そのお米を炊いておむすびを作り、みんなで食べた。小さな活動だが、とにかく続けていくことが目標だ。

また、やはりお客さんの声かけで月に1回の句会を催しており、かれこれ5年以上続いている。この会をきっかけに、俳句は夫婦の共通の趣味になった。

店を持っていちばん良かったのは、店がなければ決して顔を合わせる機会がなかった人たちと、出会えたこと。年齢はばらばらだし、仕事もさまざま。でも、趣味が一緒だから純粋にたのしみを共有できる。「今が最高って言い切れるほど充実している」

と美津子さん。店をはじめる前には思いも寄らなかったことだ。

先のことがわからないのもおもしろい

たいへんなことも、もちろんある。40代の最後らへんでこの仕事に就いたのは、想像以上にハードだったと、ふたりは口を揃える。

「肉体労働なんだよねえ。何となくはそう思ってたけど、定年からじゃあ肉体的に無理」

紀一郎さんはずっと鍋やフライパンを持っているせいか腕や肩を痛め、整形外科に毎日通ってケアをしているそうだ。身体が続く限りは店をやりたいけどねとつぶやく紀一郎さんの横で、美津子さんが思いついたように言う。

「店をはじめてから、私が家でもいっさい料理をしなくなって、役割って変わるもんなんだなって思った。だから今後も、また分担を変えてもいいですね。私が厨房で、彼が接客。うちは個人店だから、変えられるじゃないですか。営業時間もそうだし、何料理とも決まってないし」

「僕がそのうち『今日から料理はや～めた』って言い出したりね（笑）。まあ、そうせざるを得なくなるかもしれない。ずっと両方が健康でいられればいいけど、そうはいかないからね」

少し前から、息子の晴彦さんが店を手伝うようになった。後を継ぐような強制はしたくないが、本人が希望するならもちろんそういうのもありだ。

「良くも悪くも計画通りには行かないのが人生だって、年とともにわかってきたので、先のことは考えない。わからないからたのしいってこともありますし。私、いまだに自分のやりたいことが見つかってない。店で知り合ったお客さん、友だちは見つけて進んできた人が多いですけど、ごく一部なんじゃないかと思いますね。それはほんとに恵まれた人なんじゃないかと」

だからというわけではないが、美津子さんは、「人生は流されたほうがラク」を持論でやってきた。店をはじめてそれが良かったこともわかった。実はなんとなく、もう一回人生の転機がくるような気がしている。

まあ、先が決まっているのは苦手だし、「いくつになっても、どうにでもできる」と思っていたいと言う。何かが起きた時に決めればいいのだから。

ひとまずはお客さんをだいじにしながら、今の店を続けていく。店を大きくするつもりはまったくない。「強いて言えば、流行らず、すたれずが目標」だ。

家でも料理は紀一郎さんの担当。あちこちに道具が配されたキッチンは小さくても使いやすそうだ。

アンチヘブリンガン ANTI HEBLINGAN
東京都千代田区猿楽町2-7-11 ハマダビルヂング2F
☎03-5280-6678

1日の時間割（お店オープン日）

7：00
紀一郎さん起床
朝ごはんの支度

8：00
美津子さん起床
家族で朝ごはん

9：00
紀一郎さん、整形外科に立ち寄り、買いものしながら徒歩出勤

10：00
仕込みスタート。
美津子さんも出勤

11：00
コーヒー休憩後、11:45より昼の部オープン

14：00
昼の部終了。勉強（外食）、買い出し、サウナ、昼寝など、「あいだの時間」を過ごす

16：00　夜の仕込み

18：00　夜の部オープン

21：00
このあたりで厨房がひと段落。お酒を呑みながら

23：00
クローズの予定だが、この時間に終わったためしがない

24：00　店を閉めて帰宅

25：00　帰宅

26：00　就寝

年表

20代	大学のサークルで知り合う
	卒業。 美津子さんは家業の手伝いに。紀一郎さんは就職
	結婚。 東京・大泉学園のアパートに暮らす。 周囲に無人野菜販売や芝生農家があるのどかな生活
	引っ越し。 美津子さんの実家の近くに住み、手伝いに通うための時間と労力を節約
30代	長男の晴彦さん誕生。 美津子さんはわが子をおぶって薬局に出勤
	晴彦さんが幼児生活団に入る
	晴彦さんが小学校入学。美津子さんは日中だけパートに出る。料亭の仲居、食堂の厨房など
	紀一郎さん、販売から企画へ異動
40代	引っ越し（2回目）。 中古マンションを購入
	晴彦さんが中学に入り、美津子さんは図書館員に転職し、夕方まで働くように
	東京・水道橋に空き物件を見つける。契約
	紀一郎さん退職。 ふたりで『アンチヘブリンガン』をオープン
50代	引っ越し（3回目）を計画中。 店により近い場所にマンションを借りて、 持ち家は貸し出す予定

Life 4
内藤三重子

70代
同居で暮らす

たのしいことに目を向ける
変化をどう受け入れるかは
自分の責任

内藤三重子
1934年生まれ。女子美術短大卒業後、銀座三愛に入社し、企画の才能を開花。イラストレーター、東レプロダクトアイテムグループのメンバーとしても活躍。広告代理店勤務を経て、フリーランスのアーティストに。雑誌や著書で発表するライフスタイルに女性からの支持を得る。90年頃から木工作品などで個展を開催。2009年に鎌倉にアトリエ・ショップ「HAND & SOUL」をオープン。
ブログ「HAND & SOUL」
handsoul.exblog.jp

芸大に四浪、アルバイト入社——試験に弱いが現場には強かった

鎌倉駅から銭洗弁天に向かう途中、急な坂道と階段をぐんぐんのぼった崖の上に、内藤三重子さんは住んでいる。

「この階段のおかげで、心臓の手術をした後も調子がいいんです。リハビリは続かないけども、階段はねえ。のぼらなきゃ家に帰れないんだから」

茶目っ気たっぷりにそう話す内藤さんは、つぎの誕生日で傘寿を迎える。結婚後も子育てをしながらデザイナー、イラストレーター、エッセイストなどの仕事を続け、現在は木工や手芸作品の作り手として、年に1〜2回の個展を開いている。

内藤さんが社会人としての一歩を踏み出したのは、昭和34年、当時の皇太子殿下ご成婚の年。アパレルメーカーの三愛にデザイナーとして入社した。

「その頃の三愛は、芸大卒の人ばかりでね。私は芸大に四浪して、ほかの美大の卒業だったから、アルバイトで入りました。でも、最初に任されたコンペがうまく行って、社員になれたんです」

物心つく頃には戦争があって、物資が不足する中で子ども時代を過ごした内藤さん。母の手芸材料をおもちゃにして遊んだり、着たい服を自分で縫ったり、自ら手を動かして好奇心を満たしていた工夫経験が、いざ仕事になると力を発揮した。皇室の方がかぶっていた帽子を庶民でも手が届く素材でデザインし、大ヒットさせたのがその好例。イラストレーターになってからは、絵では描き表せないことを文字でフォローしたところ、イラストエッセイのスタイル確立につながった。

若い女性向けのインテリア誌の先駆け『私の部屋』では、生活のヒントを書き込んだ綴じ込みのカレンダーなどを担当し人気を集めた。

三愛に入ってすぐ手がけたコンペのハンカチ。皇太子殿下ご成婚記念のおまけだったので、テニスをモチーフにして好評を得た。

建て増ししながら住み続ける崖の上のマイホーム

29歳の時、三愛時代から一緒に働いていた鎌田豊成さんと結婚。ふたりで住む借家をさがしていたある日、不動産屋さんが「あの家、売りに出ているんですよ」と何気なく指をさしたのが、現在まで50年近く住み続けている〝崖の上の家〟である。急な坂道と階段のアプローチは人によっては悪条件になるはずが、鎌田さんにはその立地こそが魅力だった。

「周りに木が生えて、ポッと家が建ってる。下から見上げた時のその感じが良くてね」と話す鎌田さん。わずかな貯金と親戚や銀行からの融資を集め、予定外のマイホーム購入に踏み切ったそうだ。

もとは横須賀の米軍将校のために建てられたこの家は、当時としてはめずらしく1階にリビング、2階に寝室がある1LDKの間取り。2～3年で必死に借金を返した後は、少しお金が貯まるごとに、寝室を増やしたり、台所を広くしたり、サンルームを作ったり。祖母との同居や子どもの成長など、暮らしの変化に合わせて改装していった。

「近くに腕の立つ大工さんがいて。鎌田がグラフ用紙に書いた図面を渡すと、それを板取して、どんどん作ってくれるんです」

ふたりの家が温かい雰囲気を放っているのは、こういった手作りの経緯があるからだろうか。内藤さん、鎌田さんがもてなし好きなこともあり、この家にはたくさんの人が遊びにきたと言う。

「会社の仲間やテニスの仲間がしょっちゅう集まって、バーベキューをしたり、先生をよんでヨガをやったり。子どもたちが大きくなると今度は若者が集まりだして、何日も泊まっていったわね」

ちなみに、その時の若者のうちのふたりは、後に息子さんと結婚し、お嫁さんになった。

家の玄関を入ってすぐのスペースに、作品を飾っている。
難しいデザインの天井も、いつもの大工さんが思い通りに仕上げてくれた。

1階の広いリビングは、いつも人であふれていた。『私の部屋』を創刊するまでの企画会議も、この部屋に編集者が集まって行われていた。

丸いダイニングテーブルはスペインの居酒屋のもの。この家で唯一、新品購入した家具。ギューギューで 10 人は座れる。

ダイニングの窓の上部には、ステンドグラスをはめ込み、外からの光の入り具合をたのしんでいる。

キッチンは40年前に改装したまま変わっていない。孫を預かる時には一緒に料理も。

30代はレールを敷いて
50歳まではフル回転

内藤さんが結婚し、出産をした30代前半は、仕事の依頼も、それに応える自分のアイディアも次々にふってきて、自分の人生の「レールを敷くような時代だった」と振り返る。

「たくさんの人の出入りや、子どもとの生活もひっくるめての仕事だったわね。それをエッセイの材料にしちゃうこともあったわけ。基準より収入が多いから保育園に子どもが入れなくて、お手伝いさんを頼んでいました。『お手伝いさん代のほうが高くなっちゃう』と鎌田に相談したら、『それでもいいから仕事は続けなさい』と言ってくれたんです」

内藤さんにとって鎌田さんはいちばんの同志だ。それを表すエピソードがある。1967年、仕事でニューヨークに出かけた鎌田さんは、ピークとなっていたヒッピームーブメントに衝撃を受け、国際電話で内藤さんを呼びよせた。1歳半になる愛息を母にお願いし、内藤さんは海を渡った。夫婦はそれから2ヶ月をニューヨークで過ごしたそうだ。その時のことを鎌田さんはこう話す。

「あの頃のニューヨークはおもしろかったから一緒に見たほうがいいと思った。見れば彼女はまた何かを見つけて、表現してくれるからね」

良き伴侶に支えられながら、30代後半から40代にかけての内藤さんは自分で敷いたレールの上を全力で走った。雑誌『私の部屋』では看板イラストレーターのひとりとなり、数々の著書も出版となる。

「50歳まではフル回転。でも、50を過ぎるとやっぱりちょっとね」と内藤さんは言葉を止める。その頃の日本はバブル景気。時代と伴走し、高度成長期を謳歌してきた内藤さんから見ても、世の中の消費のスピードが速すぎたのかもしれない。

これまでにも編みものやパッチワークなどいろいろなもの作りをたのしんできたが、50代の半ばからは木工作品を手がけるようになり、家具造りという新たなフィールドを見つけて夢中になった。

「若い頃はとにかく情報を取り込んできたけど、経験値が出てくるとだんだんそれが変わってきたの。絵を描くのも服を作るのも家具を造るのも、すべて私自身を出すためのことで、根っこは同じ。絵の具とか針とか、手に持つものが変わるだけなのよ」

どんな環境でもたのしみを探し出す

ちょうど還暦を迎える頃から、内藤さんの生活には度々の変化が訪れる。

鎌田さんがデザインの仕事を辞めて新潟の大学で教授になった。最初は単身赴任だったが、「洗濯も

鎌田さんは1936生まれ。広告ディレクター、長岡造形大学学長を経て造形作家に。「私が姉さん女房なの」と内藤さん。

のをためてるんじゃないか」と心配で何度か足を運ぶうちに、内藤さんもそっちで暮らすことにした。

「新潟はすべておもしろかったの。自然もきれいだったし、車で行くショッピングもたのしくて、食べものもおいしかった」

最初に住んでいた6帖一間の小さなアパートには、すぐに学生が集まりはじめた。

「台所なんてすごく狭いんだけど、そこにイスを置いてね。編みものしながら学生たちがいる部屋のテーブルをひょいとのぞいて、食事が何もなくなっていたら料理をして出して……。どこだって何だってできるのよ」

新潟の海岸に、湘南の海ではあまり見つからないような太い流木が打ち上げられているのは収穫だった。それを拾い集めては作品の材料にした。

新潟で8年を過ごした後は、韓国に半年、また新潟に4年と移り住んだ。内藤さん73歳、鎌田さん71歳で任期を終え鎌倉に帰ると、今度は長男家族と同居がはじまった。

「つぎの人生を、ふたりでどう生活しようかと考えていたんですが、留守番の長男家族がそのまま住むことになって。狭い家だから、何から何まで一緒にやるわけでしょう。当初考えていた楽隠居ではなくなったんです」と鎌田さん。

この頃の暮らしの変化は大きく、長年仲良く支え

フォークリフトの端材を再利用したスタンドライトは、鎌田さんの作品。

合ってきた夫婦間にも、雲がかかりそうになった。
「だって、ついこの間までは私も鎌田も、昼間は別々の暮らしでしたからね。一緒にいる時間が長くなって、最初は慣れないからギスギスしたこともあるわよ。鎌田のほうがガマン強いから収まったものの。彼は料理にも興味があるし世話を焼く必要はないんだけど、私には40年間、家を管理してきたキャリアがあるのに、それを認めてくれない。『こうやるのよ』と言ってもダメで、庭掃除でも何でも自分のやりかたでやっちゃう。ストレスはずいぶんありましたけど、今はもう慣れました。どこの家もそうよね。定年になったら当たり前のことだから。同居もそうだけど、それをどういう風に受け入れるかは、自分自身の責任。できるだけメリットにしなくちゃね」

アンティーク着物の端切れを使った雛人形。孫へのプレゼントをきっかけに内藤さんの代表作となった。

とはいえ、孫と一緒にいられる大家族のたのしさっていうのは、もちろんある。どちらが良かった、悪かったではなく、最初にイメージしていた人生設計とはずいぶん変わっていただけのこと。受け入れて、できるだけ毎日たのしく暮らせるように気持ちを切り替えた。7人家族で住むには手狭だし、二世帯住宅ではないからあらゆる場所が共有だが、「食事を作って食べるのは、生きることの基本だから」と、内藤さんも台所に立つ。食事は別々にとるなどお互いのペースを配慮しながらやっている。

自分たちのできる範囲ではじめた新しいこと

できるだけ毎日たのしく——。そう前を向く人にはラッキーが訪れるもので、友人が使わなくなったログハウスをもらえることになった。内藤さんは前々から店をやりたいと言っていたが、商売なんかできないタイプだし、店舗を借りても生計は立たないだろうと鎌田さんは反対していた。しかし、ログハウスをもらって自分の家の駐車場に建てれば家賃はいらず、元手もそうかからない。「それじゃあって、アトリエショップを開いてみたら、すごくたのしくてねえ。どのみち商売にはならないんだけど（笑）、まあ、これで暮らそうとは思わずに、損さえしなければいいってことでやっています」。

崖の下の駐車場だったスペースに、ふたりのショップがオープンするのは金土日の3日だけ。残りの日は制作に精を出す。個展を開く以外にも、自分たちの作品を見てもらえる場所ができたし、いろんな人がきてくれるのがうれしいとふたりは口を揃える。

ショップの名前は「HAND & SOUL」。内藤さんが大切にしている「神様が手と心を与えてくれた」という言葉からつけたもの。おかげさま、の気持ちを、内藤さんはいつも忘れないでいる。

HAND&SOUL
神奈川県鎌倉市佐助2-15-12
☎0467-23-0530

1 日の時間割

7：00
起床　新聞を読む

8：00
孫たちが出かけてから、
朝ごはん

作品制作
または庭仕事など

12：00
お昼ごはん

作品制作

夕方は買いものに出かけたり
なるべく散歩も心がけている

18：30
夕ごはんの支度をして、
夕ごはん
同居当初は全員で一緒に食べて
いたが孫たちの帰宅時間が遅く
なってきたので夫婦だけで先に
食べるようになった

23：00
就寝

年表

20 代	女子美短大卒　三愛宣伝部入社 東レプロダクトアイテムグループのメンバーに 雑誌『服装』でイラスト・エッセイを描きはじめる 転職。広告代理店、大広入社 結婚
30 代	第一子出産 ニューヨークで 2 ヶ月を過ごす 第二子出産 『私の部屋』創刊。イラスト・エッセイなどを連載
40 代	著書『お母さんの知恵』（婦人生活社）出版 著書『暮らしのアイデア帖』（潮文社）出版 著書『ひとり暮らしのアイデア帖』（潮文社）出版
50 代	著書『好きだから手編み』（日本ヴォーグ社）出版 木工作品を作りはじめる 美術作家の故・永井宏氏にすすめられ、 葉山「サンライト・ギャラリー」にて個展開催
60 代	新潟へ 孫娘におひな様を作る。以降、代表的作品に 韓国で半年を過ごす
70 代	再び新潟へ 鎌倉にもどり長男家族と同居をはじめる アトリエショップ『HAND & SOUL』をオープン

Life 5
山崎陽子

40代
生活をリセット

新しい自分をはじめる
そのわくわくした気持ちが
原動力になる

山崎陽子
1959年生まれ。大学卒業後、平凡出版(現マガジンハウス)入社。3誌の女性誌編集部に在籍した。2001年に退職後、フリーランスの編集者&ライターに。『クウネル』(マガジンハウス)『エクラ』(集英社)には創刊時より参加。ほか女性誌、ライフスタイル誌、書籍やムックなどを担当している。

仕事、育児、介護、三つ巴の時期

フリーランスの山崎陽子さんは、「夜に仕事を持ち越さない」と決めている。夕方までには作業に区切りをつけ、まずはビールでひと息ついたら、晩ごはんの支度に取りかかる。その日に食べたい料理を作り、晩酌をするのが、ささやかなたのしみなのだ。ほろ酔いをくずさぬまま夜の10時にはベッドに入って、本を読みながら眠りにつく――。

そんな風に、一日の終わりを心地良く過ごしている山崎さんだが、以前出版社に勤めていた頃はいつも寝不足だった。仕事と育児の両立に、父の介護もあって、時間に追われていたと言う。

「十数年前、うちの息子が小さかった頃は、地域の保育園は4時半までの預かりだったんです。だから二重保育を頼むしかなくて、ベビーシッターさんと、主人の父母、私の母にも手伝ってもらい、保育園が終わってからのローテーションを組んでいました」

山崎さんは夜になるといったん家に帰り、子どもを寝かしつけてから、タクシーで再び会社にもどって、仕事を片づけることもあった。午前2〜3時に帰宅して少し眠り、また朝がくるとその日の夜ごはんを準備し、保育園に送って、会社に行って……と、途切れのない毎日だった。土日は会社は休みだが、「母にもラクをさせたい」と、父の介護を交代するようにしていた。

「育児だけなら、会社は辞めてなかったと思うんですよね。育児に加えて介護があったし、最後の2年間は副編集長の職務で、週刊誌のサイクルだったから、仕事も限りがなかった。過労で点滴を受けながら会社に行ったこともありました」

ある日、そんな山崎さんを見かねた夫から、仕事を辞めたらどうかと切り出される。

「辞めるだなんて、一度も考えたことがなかったんです。家のローンを夫婦で組んでいたし、最低限、それを払い終わるまでは働くものだと思っていました。でも夫に、いくらなんでもその生活では壊れるからと、お金なんかどうにかなるよと言われて。『あ、そうか……。辞めてもいいんだ』。そう思った瞬間に、涙がバーっと出てきて、張り詰めていたものが急にゆるんじゃったんです。その日のうちに辞める決心をして、会社にも伝えました」

こうして41歳の時、19年間勤めた会社を退職。最終日には、気づかないうちに背負っていた荷物をおろしたような、晴れ晴れとした気持ちになり、うれしさのあまり将来に対する不安など、かき消されてしまった。

幼稚園ママになって生まれ変わったような毎日

退職後、子どもは幼稚園の年中組に転園。山崎さんは専業主婦になるつもりだったが、会社時代のつながりでいくつかの出版社の方が声をかけてくれ、少しずつフリーランスで働くようになった。

「その頃はもう、何もかもが新しい生活で、生まれ変わった気分でした。仕事も新鮮だし、母親としても変わった。幼稚園ママになったわけですが、これがほんとうにたのしかったんです。いろんな年代の、さまざまなママたちとつき合えたのが、すごく良かった。朝、子どもを送ってからママ同士でお茶を飲んだり、園が終わると子どもを連れて友だちのお家に遊びに行ったり。それまでの私は、社内の人や業界の人中心の交友関係の中で生きていて、意外に狭い世界しか知らなかったんですよね」

思い起こせば会社員時代は、気軽に子どもの話をする相手がいなかったのだ。

「あの頃は同じ部署の中に、働くママが私ひとりだったんです。仕事の面で、子どもがいるから無理とか、できないとか、周囲から思われたくない気持ちが、やっぱりあったのかなあ。子どもの話を出さないように、自分に禁じていたところがありました。

ママたちとの交流は、会社にいたらできなかったことだし、年中組から入って2年間しか通わない幼稚園だと思ったら、何でも体験したかった。誰かが誘ってくれたらいつもふたつ返事で、何にでも顔を出していました（笑）」

誘われるままに、ママ友だちが習っていた大人のバレエのレッスンにも参加したところ、身体を動かすたのしさにも目覚めた。

「バレエには興味がなかったし、私は運動がまったくダメだったので、上手な人と習うのは恥ずかしいと思ったんです。でも、せっかく誘われたから体操のつもりでやってみたら、たのしかったんですよねえ。バレエのスタジオにしてはめずらしく、みんなおしゃべりなの（笑）。先生のお人柄なのかもしれません。私みたいにイチからはじめた40代の人にも、上手に教えてくださるから、最初はとてもできなかったことが、通っているうちにだんだんできるようになって。今やバレエの世界に夢中です」

43歳でスタートし、多い時には週に4回、平均して月8回のペースで通っている。バーに脚をのせることもできなかったのが、前後の開脚もできるようになったり、ピケでくるくるまわれるようになったり。5年目あたりから確実に筋肉がつきはじめ、50歳を過ぎて、人生ではじめて腹筋が割れたそう！

「年をとると身体は衰えると思うかもしれないけれど、いつからでも肉体は変わると確信。うちの先生は筋トレを必ず組み込むんです。腹筋150回とか、すごく辛いんだけど、やり続ければ変わる。体力もついたと思います。バレエをはじめてから、いちども風邪をひいてないんですよ。会社員時代はしょっちゅう鼻かんだり、咳したりだったのが、すっかり丈夫になりました。今がいちばん元気かも」

午前中が上手に使えると一日がうまくまわる

更年期の不調も感じなかったほどに山崎さんが健康なのは、バレエのおかげはもちろん、規則正しい生活リズムの賜物ともいえそうだ。

夜は前述のように早寝をし、朝は5時40分には自然に目が覚める朝型生活。起きるとまずコーヒーを飲み、息子の弁当作り、洗いもの、メールチェック、新聞を読むまでを、1時間ちょっとですませる。朝ごはんを食べ、息子を送り出した後は、洗濯、掃除

日々のリズムを作ること

1　朝起きたらまず着替えて、家事モードに切り替える。よく着る普段着はベッド脇にかけて収納。カゴにはジーンズ、パーカーなどを風通し良くしまっている。

2　息子のお弁当作りが、早起き生活の軸になっている。毎朝写真を撮り、少したまるとプリントしてアルバムに整理。母親業の記録として残している。

3　夜は気持ち良く酔っ払いたいので、後片づけは朝にやる。総ステンレスのキッチンは、ボトルにクエン酸を用意し、すき間時間に一日一回拭き掃除をする。

4　朝ごはんはパンが多い。息子が食べた後、木皿のパンくずをブラシでサササッと払い、つぎに食べる夫の分をよそって、洗いものを減らしている。

5　家事を終えたら、仕事に集中し、なるべく午前中にめどをつける。仕事専用机は持たずに、リビングの大きなテーブルに、その都度資料やパソコンを出している。

7　おでかけセットをカゴにまとめて、パッと身支度できるように。夏は日よけグッズ、冬は防寒グッズを収納している。外出時は電動自転車を愛用し、フットワーク軽く！

6　50歳を過ぎて、まつ毛のエクステとネイルサロンを利用している。プロに頼むと仕上がりが違うし、エクステをしておけば外出前のメイクが30秒ですむ！

9 もやしはひげ根をとり、かさばる青菜は買ってすぐ下ゆでをすませる。冷蔵庫も占領しないし、「アスパラがあるから肉巻きにしよう」などと、次の作業もスムーズに。

8 冷蔵庫は 140L のシングル用サイズ。出かけたついでに最寄りのスーパーに寄って、こまめな買いものを心がけている。その日の気分や食材に応じて献立を考える。

10 仕事を終えると、まずはビールでひと息ついて気持ちを切り替えてから、晩ごはん作りに取りかかる。キッチンのダイニングテーブルに食事の時だけクロスをかけるのも、気分転換のひとつ。お弁当のおかずの残りをおつまみに。

をすませ、仕事に取りかかる。メールを返信し、原稿がある時は午前中に集中して書くことで、めどを立てる。もちろん、量が多い場合は午後や土日の時間も執筆に使うが、睡眠時間を削ることはしない。

早寝はフリーになってからの習慣だが、午前中を有効に使う段取りは、会社員時代に身についた。

「30代の前半までは、毎晩飲み歩いているような不規則な生活でしたが、子どもが生まれて、生活時間が4時間ほど前倒しになったんです。保育園に預けてから10時頃に会社に着くと、夜型の職場なのでまだ誰も来てないいんですね。その時間帯に電話をしたり、伝票のサインをしたりをちゃっちゃかと終わらせる。午後は会議や打ち合わせなど、人に合わせる用事が入るから、午前中に雑務をやっておくのは効率がいいなあと実感しました。

それというのも、子どもがいて、介護もしていると、明日何があるかわからないんです。子どもが熱を出すかもしれない、父の具合が悪くなって呼ばれるかもしれない。だから何でも早めにすませておけば、緊急事態に余裕をもって対処できる。あの30代後半は、そういう危機感がつねにありましたね」

フリーになってからも、早め早めで進めるクセがついているから、締切に遅れたことは一度もないと話す山崎さん。

今でもたまに、飲み会で午前様になることはあるけれど、翌朝はいつもと同じ時間に起きるようにしている。その日一日眠くてもガマンして、夜に寝る時間を早めて調整するそうだ。起床時間は変えないことが、朝型リズムをくずさないコツ。

踏ん張るところと、ゆるめるところを、間違えない。時間に追われる生活をさんざん経験したからこそ、自分が時間の前に立ち、〝追われる前に、リードする〟みたいな感覚を、山崎さんはつかめているのかもしれない。

暮らしの中に見つける小さなリスタート

一時期、山崎さんは家計簿をつけていた。1年続けてみて、月々の食費や、季節ごとの光熱費が把握できたと言う。それらの出費に大きな変動はなかったので、「家計簿をつけ続けてもあまり意味がない」とわかった。家計を変動させるのは、つい買ってしまう洋服など、生活必需品ではない出費だった。

だからといって、好きな買いものはやめられない山崎さんは、「贅沢帳」なるメモをつけて、せめてその出費を把握し、自覚することにした。

「私ね、すてきなものは一生買い続けると思うんです。一方で、ものを増やしたくない、減らしたいという思いもある。だからひとつ買うためには、ふたつ手放すぐらいのつもりでいます」

会社員時代に着ていたスーツやパーティ用の服は、ママデビュー後にすべて処分した。使ってないもの、自分にとって不要なものを家に置いても、ただ存在を忘れるだけ。それなら必要な人に使ってもらいたいと、定期的にフリーマーケットに参加している。

「もともとスポーツバッグひとつで上京してきましたから、イチから何かをはじめるんだ！　という感じが好き。引っ越しも大好き。18歳で上京して、2年以上同じ場所に住んだことはなかった。引っ越しの度にものを捨てて、1回ちゃらにするような、新しい生活に向かうわくわくが原動力でした。今はもう家を購入したからそう簡単に引っ越せないけれども、時折、ものを処分することで、ちょっとしたリスタートをしているのかもしれません」

日々の暮らしにも、さらに小さなリスタートはくり返されている。

たとえば冷蔵庫。夫が単身赴任から持ち帰ったのを機に、シングル用サイズの冷蔵庫を使いはじめた

ものとのつき合い

ものはカラリと乾かさないと気がすまない性分。カッティングボードは使うたびに窓辺で風にあてて乾かすため、何枚か用意してローテーション。

一期一会なものが見つかるから、蚤の市やアンティークショップではつい財布の紐がゆるむ。これは京都の「ビージェネレイテッド」で買ったフィンランドのアンティーク。

食器は大好きだが、来客用もふくめてこの棚ひとつに収まるだけと、決めている。踏み台にしているのは、息子が小さいときに使っていた子どもイス。

パチンと開ける感触が好きで、長年、がま口財布を愛用している。一軍を終えたがま口は、外貨を入れたり、月謝などの支払い用のピン札を入れたりするのに再利用。金庫代わりのバニティにスタンバイ。

自分の卒業アルバムも子どもの絵も、過去のものはどんどん処分するが、手書きでいただいた手紙やハガキは捨てられない。箱に入れて保管している。

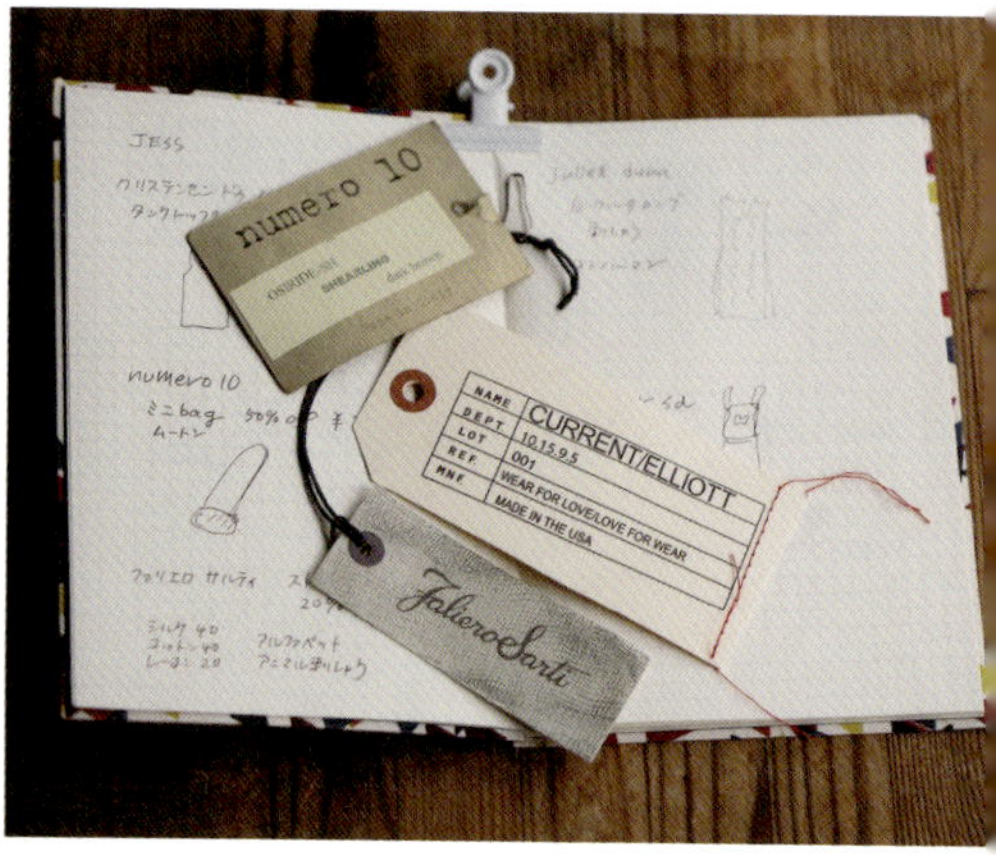

「贅沢帳」に、洋服など、生活必需品以外を買った記録をメモしている。かわいいタグはここにはさんでおき、素材やサイズのチェックに役立てている。

息子が小さい頃に描いた絵は、３枚だけを選んで、残りは処分した。
残すからにはと額装をして、大切に飾っている。

気に入ったものは、お直しして使う。器の修理（金繕い）は黒田ゆきこさんに頼んでいる。

「会社時代も、整理整頓の名手で、机がいちばんキレイだった」という山崎さん。仕事の資料は、すべてこの紙袋ひとつに納めて、リビングのすみっこに。使う時だけテーブルの上に広げる。家のどこかが仕事のもので占領されることはない。

ところ、スペースが少ない分、その日に必要なものを、なるべくその都度買うようになった。新鮮な野菜や魚を料理するのは気分がいいし、冷蔵庫が空になると、さっと庫内を拭き掃除できるのもラクだ。

あとは仕事の資料類。進行中から終了したものまでが、すべて紙袋ひとつにまとめてある。動かしている仕事量の割りに驚くほど少ないのは、不要になったタイミングですぐに処分をしているから。長年そうやって見極めてきたが、あとから困ったことは一度もないそうだ。

「私にとって、仕事は通過していくものなんです。資料用に収納ケースや棚を買ったりすると、そこに保存したくなっちゃう。そうじゃなくて、通過していって欲しい。いくつか試してみたけれど、今のところ紙袋整理が続いていています」

料理と仕事は、山崎さんの生活の二大柱といえる。つい保険をかけて余分を持ったり、大事に保管をしがちだが、その逆を選ぶと風通しが良くなって、使わないものが滞っているような気持ちの悪さから解放されるのだ。

さて、これまでの山崎さんの人生にさまざまな転機をもたらしてくれた息子は、すでに高校生に成長した。あと2年もすれば、山崎さんがスポーツバッグを抱えて上京したのと同じ歳になる。そこからはひとりでもがんばれるだろうと、母親としての日々の役目を卒業するつもり。そして、縁のある八ヶ岳に生活の軸を移し、東京と行き来できたらと計画している。友人と着心地の良いウェアの店を持つプランもある。50代後半には、今までとはまた違う価値観で新しい生活をはじめてみたいのだ。

つぎの転機まではひとまず、早寝早起きのいつもの暮らしをくり返す。一日を元気にはじめて、ゆるやかに終わらせることも、ささやかなリスタートのひとつだから。

1日の時間割（バレエに行く日）

5：40
起床　コーヒーを飲む
お弁当作り　洗いもの
メールチェック　新聞を読む

7：00
朝食　子どもを送りだす
洗濯　掃除

メール返信
原稿書きなどの仕事

10：30〜12：00
バレエのレッスン
帰宅後、昼食

午後は打ち合わせなどで外出
または自宅で仕事

買いもの
ビールタイム
晩ごはんの支度

19：30
晩ごはん（晩酌）

22：00
ベッドで読書をしながら就寝

年表

10代	北九州市から上京 早稲田大学第一文学部入学
20代	平凡出版（現マガジンハウス）入社 『クロワッサン』編集部に在籍
	『オリーブ』編集部に在籍
	八ヶ岳に、山の家を建てる
30代	『アンアン』編集部に在籍
	父が脳梗塞で倒れ、介護生活に
	長男誕生　半年間の育児休暇後、復帰 仕事、育児、介護の時期に突入
40代	現在の住まいに引っ越し
	マガジンハウス退社　フリーランスに 幼稚園ママデビュー 『クウネル』（マガジンハウス）創刊に参加 バレエを習いはじめる
	『エクラ』（集英社）創刊に参加 夫が単身赴任　長男のお弁当作りがはじまる
50代	父が他界

Life 6
枝元なほみ

50代
社会参加のかたち

ものさしひとつ持っていればいい

枝元なほみ
1955年生まれ。劇団員、無国籍料理店の厨房を経て、料理研究家に。『小さい気持ちと小さいレシピ』（パルコ出版）、『今日もフツーにごはんを食べる』（芸術新聞社）ほか、レシピからエッセイまで多数の著書・共著を世に送り出している。ホームレスの自立を応援するビッグイシュー基金の理事を務め、生産者と消費者を結ぶ「チームむかご」を主宰。
ホームページ「チームむかご」
mukago.jp

理想がないから挫折もしなかった

「私、すごい身軽だと思う」と、おなじみの笑顔でハツラツと言う枝元なほみさん。「ふつうにごはんを食べて生きていく」ことが自分の核にあって、どんな物事が起きようと、その核のためにはどうしたらいいかと考えるようにしている。だからあれこれ縛られることがない。ものさしひとつで判断する、シンプル主義なのだ。

物事の根っこを見る――。そんな思いは10代の頃からすでにあった。サリンジャーの小説『ライ麦畑でつかまえて』に影響を受け、アメリカ文学を学ぼうと大学は英米文学科に進むも、学生運動の名残の時期で、ロックアウトになる。友だちはヒッピーが多く、12年間一緒に暮らしたボーイフレンドもそんな暮らしを選んだ人だった。社会の体制にとらわれず、地球全体の営みに目を向ける。この頃に出会ったヒッピーカルチャーが、枝元さんの思想の骨格のひとつになった。

友だちに誘われるまま芝居に参加しはじめたのは、大学3～4年の頃から。そのままずるずると芝居の道に入り、20代半ばで「転形劇場」の劇団員になった。同じ頃、東京・中野にある無国籍レストラン「カルマ」の厨房で働きはじめる。芝居とバイトの生活が、8年ぐらい続いた後、劇団解散。その少し前から、紹介で雑誌の仕事を受けていたこともあり、そのまま料理の道に進み、現在に至っている。

「志して何かをはじめたことはないんです。志して芝居をしてないし、志して料理もしてない。偶然に、転がるままに、だから続いたのかもしれない。理想があると、現実とのギャップに苦しくなって、みんなつぎつぎと辞めてしまう気がします。芝居はとくに『こういう芝居がやりたい!』と思ってもすぐに役があるわけでもないし、貧乏生活だし、劇団の掃除とかもしなくちゃいけないし。理想とギャップがありすぎるんです。

芝居でも料理でも、ひとつ何かをやってみると、できることと、できないことがあるでしょ? できないと『なんでだろう』って引っかかる。ずっと考えてると、つぎにそれができて、『やった!』と思う。でも、またつぎのできないことが出てきちゃう。その繰り返しで、今の自分にできること、できないことを、ちょっとずつ転がしていく。フンコロガシみたいに(笑)。よいしょって転がすと下にあったものが出てきて、うーんしょって転がすとまた出てきて。その度に、どっちかの方向に進んでいく。遠くに理想があって、そこに向かって『夢を持て』とか

ラオスで買った仏像を部屋に置いている。なぜか「ほげっ」とした表情で、根性がなさそうなところが好き。

言われても、どうも現実とくい違う。遠いところに一直線で行くのはすごく苦しい。方向を決めずにちょっとずつ転がしながら、進んでいけばいい。

私はだから、そういう意味では挫折がない。というか、毎日が小さな挫折の連続ともいえる（笑）」

道があると思うから迷う 最初からないと思えばいい

日本人は道を極めるのが好きだが、それが満足度の低さ、自己肯定感の低さにつながっているのではないかと、枝元さんは思っている。

「あるお家の子どもがテストで50点を取った時に、お母さんが『もっとがんばりましょうね』と言うんだそうです。つぎに子どもが70点を取ってくると、お母さんは『もうちょっと、まだまだ』と言う。子どもはいい子にがんばるから、80点になって、90点

石の中でも、層をなしているものに惹かれる。旅先でついつい拾ったり、買ったり。蓋付きは大野万須夫さんの作。

になって。最終的に100点になった時、『100点はクラスに何人いたの？』と聞くんだって。それじゃあ自己肯定なんてできないよね。最近とみに『もっともっと』という考え方を変えないと、幸せになれない気がしてる。あとは人と比べない。人と比べるのってほんと切ないよね。自分のアイデンティティをどこに置くかで、苦しくなっちゃうこともあるよね」

たとえば、枝元さんはテレビに出る仕事をしているが、そこに自分のアイデンティティをとらないように気をつけていると言う。テレビに出ていると、みんなが「観てますよ」と声をかけてくれるし、両親も喜ぶ。しかし、それが自分の存在価値のように受けとると、いつかテレビに出なくなった時に、自分を否定されているような気持ちになりそうだから。

「料理の仕事ではじめてテレビに出た時、前日に自転車で転んじゃったんです。前歯が折れて、すり傷だらけの姿で本番をやったの。放映後のアンケート

フランスのりんご園で樹にぶらさがっていた、りんごの皮。虫が実を食べ、皮だけをきれいに残していったものだ。人間には絶対に作れないその姿を崩さないよう、ケースに入れて大切に持ち帰ってきた。

古道具屋で見つけたストーブの下に敷く板を、リビングにかざっている。時間をかけて生まれた錆びが残っている。

を見せてもらったら『○○（局名）ともあろうものが、なんであんな人を出すんだ』とか『○○らしくなくて、たのしそうだった』とか。見ず知らずの人にひどいことも書かれて悔しかったし、いじいじと気にしちゃったけど、テレビって、料理よりも動いてしゃべっている私に対する意見が多いんだなと思った」

だから枝元さんは、外からの評価を深追いしないように自分に言いきかせている。

「じゃあどうするかって言うと。たとえば仕事でにんじんを切っていて、超たのしい時がある。『ほんっとに料理が好きだなあ。さいこー！』みたいな（笑）。誰にもわかんないし、褒めてももらえないけど、その時のうれしさにアイデンティティをおくと、誰にもじゃまされない。苦しくならないんです」

ふと本質に目を向けて見ると、思い込みの枠がするすると外れて、自分の心がラクになる。枝元さんは20代の頃に旅の途中に、まさにそんな経験をした。

「スウェーデンに行ったのね。7月の終わりぐらいで、ブルーベリーがびっしりなっている森を散歩していたら、道に迷っちゃった。歩きまわるうちに、自分たちがどこにいるのかわからなくなった。でもね。自分は、ここに住んでいて、ブルーベリーが主食の動物なんだと思えばいいんじゃないかと（笑）。帰らなくちゃいけないと思うから、道に迷ったと考えるんだけど、ここに住んでると思えば、なにひとつ困らない。食べものはある。そう思ったら、すごい落ち着いたんだよね。

後から考えてみるとさ。道を踏み外したと思うから、怖いんでしょう？　さっきの話にもどるけど、自分の前に道筋を、みんな思い描くじゃない？　20歳過ぎたら仕事して、25ぐらいで結婚して、子どもが生まれて……。自分には道が見えない、先が見えないと思うから不安になる。だけど、道筋なんてないの、はじめから。ただひたすら自分の前にあるのは、草原。ブルーベリー畑(笑)。もともと道のない森の中に住んでいるのであれば、迷うもなにも、どっちに行こうがもどろうが、自分の自由」

〝誰かのために〟じゃなくてもいい

とはいえ、枝元さんが苦しくなることだって、もちろんある。『ビッグイシュー』でホームレスの人たちを応援するようになったのも、被災者支援の『にこまるプロジェクト』をはじめたのも、自分の苦しさを抜け出したい一心が、まずあった。

「一時期ね。ちょうど続けて『日本型のシステムは破綻してる』と思うことがあったんです。ハードには湯水のようにお金をかけるけど、ソフト面、人が働くことやアイデアには、お金を払わない」

本当にお金がないなら、最初からボランティアと言ってくれればいいものを……。タレントさんには払うギャラを料理家には渋ったあげく、交通費の名目で支払おうとするニュース番組。公共だからお金がないと経費にも満たない予算を立てつつ、噴水まである立派な庁舎を持つ自治体。お金がないなど嘘で、どちらも料理の仕事を認めてないだけなのだ。しかし担当者は口をそろえて「会社のシステムがそうなっている」「上からそう言われている」と弁明する。自分が悪者になろうとはしない。

もんもんとする中で、ビッグイシューと出会った。ビッグイシューは、ホームレスの人に「雑誌を売る仕事」を提供する事業だ。チャリティではなく、自立の応援を目的にしている。

「ものすごく明快なシステムだと思った。以前、道で寝ているホームレスの人にお金を渡そうとして、断られたことがあったの。悪いことしたなあって思った。ビッグイシューはそうじゃなくて、仕事のシ

「キッチンに住んでいるような暮らし」

缶や瓶など「使える！」と思った形の容器は収納に活躍させる。写真右上は、ギリシアの「カラマタオリーブ」の缶。写真左下はココアの缶などで、かつお節、小麦粉を入れている。長い筒状なのが中身がこぼれず使いやすい。なお、P96で調味料を入れている瓶は、イイチコの空き瓶。先が細く注ぎやすいのだ。

写真左上は、師匠の阿部なをさんとの共著『旬を愉しむ素材を味わう』（オレンジページ）。なをさんから引き継いだ「鍋の中を見よ」は、枝元さんの座右の銘。料理は大さじ小さじのマニュアルではなく、素材を見ながら自分で判断するものとの意を込めている。あとの写真は、生産者さんから届いた野菜など。「農家のことを考えたい」と活動中の「チームむかご」でも販売している。

ェアなんだよね。販売者さんはビジネスパートナーで対等な関係。お金を渡すんじゃなくて、希望を渡す、希望を一緒に作るっていうのかな」

枝元さんはビッグイシューに関わることで、日本の中に希望を見出している。自分の心が救われたくて、自分のために参加しているのだ。

にこまるプロジェクトも同様で、東日本大震災のあと、当時の誰もがそうであったように、枝元さんは大きな不安と無力感に包まれていた。自分の気持ちを落ち着けたくて、じっとしていられなくて、同じような気持ちでいる人たちと集まって、クッキーなどを作って被災地に送っていたのが、活動のはじまりである。続けているうちに、自分たちが人と集まり、手を動かすことで、ちょっとずつ元気になれたのだから、被災された方にこれをやってもらったほうがいいのではと、気づいた。そこで、被災者の方が作ったクッキーを販売して、被災者の方の収入につなげるプロジェクトに、方向転換したのだ。

「社会貢献」というと大上段に構えてしまうが、「誰かに喜ばれると自分もうれしい」ってシンプルな気持ちは、きっとみんなが持っている。人のために何かをすることで、自分が支えられていくのだ。

その一方で、枝元さんはこうも話す。

「自分の仕事が世の中の役に立つかどうかを、ずっと検証している、悩んでいる人がいるんだけどね。仕事ってさ、人の役に立たなくてもいいんじゃないかと思うんです。『意義を見つけたい』気持ちは、道を極めたいことと似ていて、そのうちに生きている意味を知りたいとか、どんどんなっていくじゃん。だけどそうじゃないって、3・11のあとに私たちはどこかでわかっている。生きて、食べて、一緒にいて、笑って、泣いて。生きてくってことがまず大事。ありがとうって言われたいなら、仕事の中に無理に見つけなくても、いいんじゃないかな」

何かを得るより
素にもどるのが気持ちいい

枝元さんが師と仰ぐ料理研究家の故阿部なをさんは、あるインタビューで、年に一度ひとりで湯治に行く理由を聞かれ、こう答えていた。

「〝充電?〟なんて聞かれるけど、逆、逆、逆。いらないものを捨てに行くの」(『サライ』1994年8月号より)

さすがなをさん!と、枝元さんは思ったそうだ。

「私は海外にひとりで行くことが多いんですけど、言葉もわかんないし、ほんっとにひとりなんですよね。『料理の勉強になりますね』って、よく言われるんだけど、日本にいる時ほどそれは気にならない。それよりも、ホテルへたどり着くのに必死だったり、このバスに乗っていいんだろうかとか、ここからどう行くんだろうかとか、こいつにだまされないだろうかとか(笑)。ふだんは料理が仕事だから食べることが主になるけど、旅に出るともっと別の次元で、ただの人になる。何かを得るのではなく、素にもどる。それが気持ちいい。

ほんとうだったら、恋人と行くほうがたのしいだろうし、女友だちとも一緒に行けたほうが『トイレ行くから荷物見ててね』とかできてラクだと思う。好きこのんでひとりってわけじゃなく、自分が行きたい時に日程が合わないからそうなってるだけなの。ひとりで行くと、すっごいさみしいのと、すっごい自由なのが、どっちも固まりである。さみしいんだけど、好きにしていいんだなあって感じ」

結果的に、旅は自分の役に立っているのだろう。でも、最初から旅が何かの役に立つとは思っていないし、それが目的ではない。

ずっと話を聞いていると、枝元さんが「ものさしひとつ」と言った意味が、わかるような気がしてくる。生きている、食べている。それさえあれば、志がなくても、仕事で人の役に立たなくても、旅に出て何も得られなくても、自分をダメだなんて思うことはない。当たり前のようで、人は知らぬまに自分に「もっともっと」を課している。

「先のことは考えてないけど、自分がどうするか。これまであまりに計算なく突き進みすぎたのを、もう少し考えたいとは思ってる。気力や体力がなくなるからではなく、なくなってもぜんぜんいいんだけど、どっちの方向なのか。人数でもない、お金の額でもない、経済効率でもない。いいもの見たなとか、かっこいいなとか、憧れるもの、自分を元気にしてくれるものの方向を知っておくと、それが自分のエネルギーになる。理論でもなければ、こっちがダメとかいいとかの判断でもなく、イメージしたいの。想像できない料理は作れないからね」

1日の時間割
（撮影仕事のある日）

8：00
起床

9：00
アシスタントさんがくる
掃除、料理の準備

撮影の日は、
味見や試食をするので、
朝ごはんはとらないことが多い

11：00
撮影班がくる

撮影スタート
料理点数によって、
かかる時間はまちまち

途中、休憩をとって
みんなで試食

17：00～18：00
撮影終了
父の病院へ

19：30
帰宅
猫にごはんをあげてから、
自分のごはんを準備して食べる

21：00
だらだらと再びレシピ書きなど

26：00～27：00
就寝

年表

10代	明治大学文学部英米文学科に入学 実家を出て、友人宅へ居候の後、 ひとり暮らしをはじめる
20代	友人の誘いで芝居の道に入る 東京・国立のヒッピーコミューンに暮らす 劇団「転形劇場」の研究生に。のち、劇団員となる 東京・中野の無国籍レストラン「カルマ」の厨房で働きはじめる
30代	女性週刊誌の料理記事を任される 国立を出る 劇団解散 料理の道に進む
40代	阿部なをさんに出会う 共著『旬を楽しむ 素材を味わう』を出版 現在のマンションに引っ越し 「ビッグイシュー日本版」に参加。理事になる NHK『ひとりでできるもん！ どこでもクッキング』出演
50代	農業支援「チームむかご」を設立 被災者支援「にこまるプロジェクト」を立ち上げる

Part 2

ヒント集
身軽に暮らす実践

いろんなものに手を出したり、
捨てられないままムダにしたり、
数々の失敗をして、思うようになった。
好きなもの、使うものだけに囲まれて暮らせたら
どんなに快適だろうかと。
人生の後半をより自分らしく生きるために
これからのものづき合いのポイントを考えていこう。

1 たのしく持つ

愛着のあるものは暮らしを豊かにするし、新しいものを手に入れた時のわくわくは元気につながる。「持つ」と決めたら、どんどん使ってたのしみたい。使わないのにとっておくのはよほど特別なものとして、待遇良く保管。

2 気持ち良く減らす

持っているものを活かすならば、量は少ないほうがいい。年とともに、ものの管理から解放されるよう「自分が把握できる量」を目指したい。「減らす」にあたっては数々のハードルがある。自分に向く方法を見つけよう。

3 最期を考える

家族をどのように見送るのか。自分の最期はどのようにむかえるのか。考えると、見えてくることがある。お葬式、お墓、生前整理、遺品整理、残しかた、残すもの——。従来の方法や思い込みを一度見直してみる。

1 たのしく持つ

ついつい買ってしまう好きなものや、手放せない思い出の品々が、自分らしい暮らしを彩る！

並べてしまう

かさばる帽子は、壁に並べてかけることでリズムが生まれ、インテリアのポイントになった。サイズが近いバッグや、キッチンの道具類にも応用できそうな方法（P46・大久保さん）。

部屋の上部にDIYで本棚を取り付けた。見える場所に本をしまう時は、なるべく高さを揃えたり、シリーズものをまとめたりすると、乱雑さがおさえられる（大久保さん）。

長年集めている古い布は、1点ものの作品の材料であり、ものづくりのイメージをふくらませてくれる存在。色や素材ごとにまとめて並べると、質感がより引き立つ（P26・山中さん）。

小さな材料などは空き瓶収納がたのしい。木工仕事などをする作業場の棚の上に、海辺で拾った石やシーグラスを瓶に入れて並べている（P64・内藤さん、鎌田さん）。

作業場の道具収納例。ボトル飲料を入れる木箱の仕切りを活かし、木づち、金づちをひっかけている。出し入れしやすく、ユニークなアイデアだ（内藤さん、鎌田さん）。

左の計量カップはゆで卵作りやミルクの温めにも活躍する40年選手。自分の愛用品と「使ったら便利だった」母の道具が混在しているのが、今の暮らしらしさ（P8・吉本さん）。

自分流の使いかた

海外の蚤の市で買ったソープディッシュと、国内のショップで買ったアルミの水切りのサイズが偶然ぴったり！　組み合わせて、キッチンのスポンジ置きとして使っている(P80・山崎さん)。

洗面所に準備しているゲスト用の手ふきは、さらしをカットしたもの。洗って何度も使えるから、ペーパータオルよりサステイナブル。古道具の歯車を重し代わりに（山中さん）。

骨董市で掘り出した数百円のホーロー容器に、スパイスを入れたらちょうどよく収まった。目的なく買ったものに用途が見つかると、ちょっぴり得意な気持ちに!?（山崎さん）

古いガラスの質感に惹かれて、つい集めてしまう瓶。収納に使えるので実用度は高い。大きいものはメダカの水槽代わりに。小さいものは木のカトラリーをざっくり入れて（山中さん）。

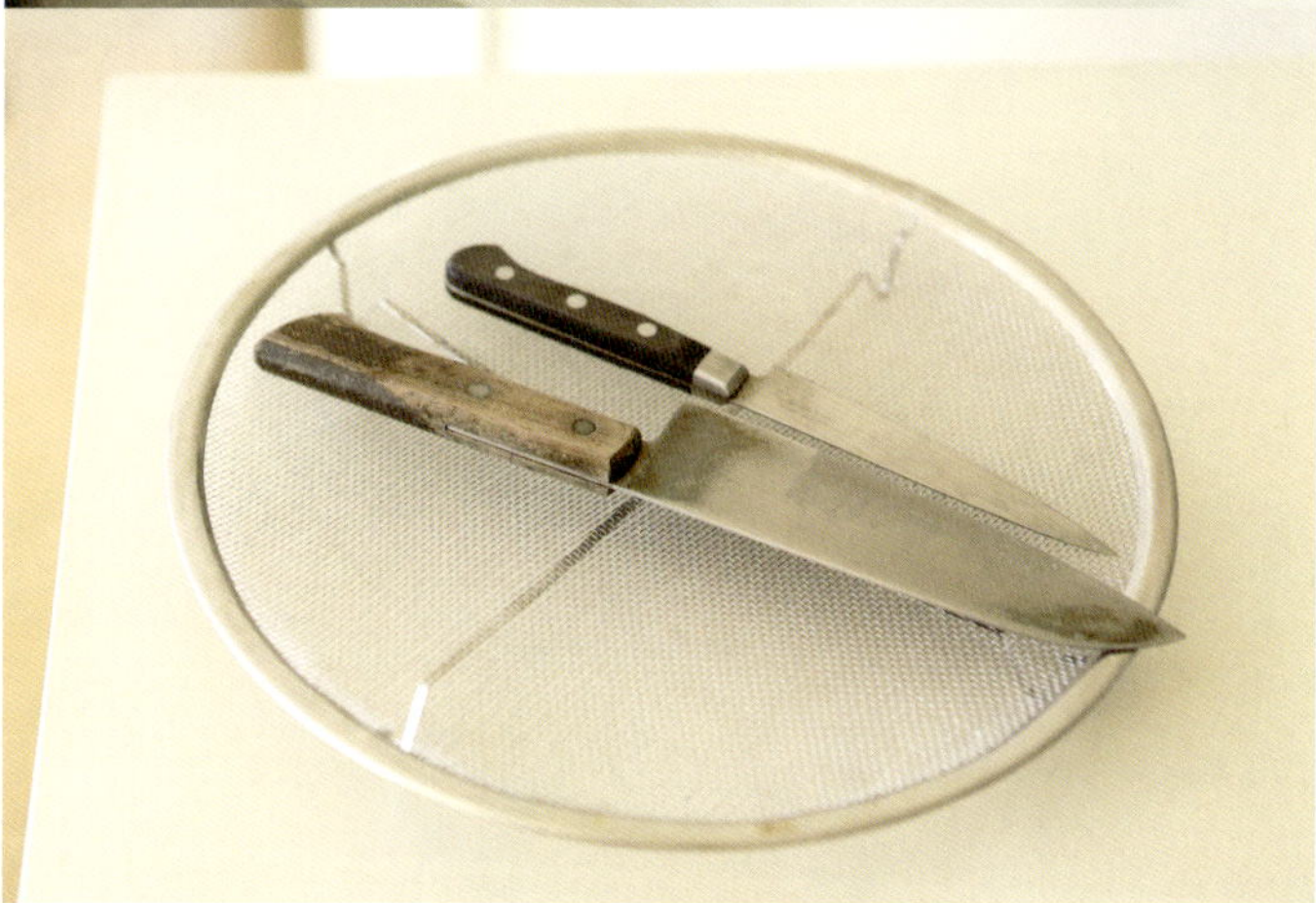

別の用途に使おうと、100円ショップで買った焼き網は、サイズが合わずに持てあましていたが、包丁を乾かすのにちょうど良かった。チープな質感も悪くない（山中さん）。

キッチンに洗いかごは置かず、タオルを敷いて水切り。無印良品の「その次があるフェイスタオル」は、はさみで切ってもほつれないから、ダスターに再利用しやすい（山中さん）。

かざる

もとは和室だった部屋をリフォームする際、ふすまを取り払ってレールの部分に板をはめ、かざり棚を取り付けた。好きなアーティストの本、カードなどをかざっている（山中さん）。

海外旅行に出かけても、お土産を買うことはない。代わりに石を拾ってきたり、拾った葉っぱや切手などの思い出のかけらをコラージュし、額装してかざる（内藤さん、鎌田さん）。

鎌田さんの部屋の壁に下げているのは、子どもが小さい頃にはいていた半ズボン。気に入っていたものだからしまい込まずに、ディスプレイしてたのしむ（内藤さん、鎌田さん）。

大の猫好きなので、猫の置きものにも惹かれる。玄関の靴箱の上には縁起を担いで招き猫をふたつ。左手は人を、右手は金運を招くといわれている（吉本さん）。

置く

鹿児島で見つけた、起き上がり小法師の「オッのコンボ」は、ひとつずつ表情が微妙に違った。台所の火の神様なので、シンク前の窓辺に置いて見守りをお願い中（山崎さん）。

20年ぐらい前、香港のストリートで出会った猫は、なんともいえない表情が気に入って持ち帰ってきた。リビングの棚の上に鎮座している（吉本さん）。

集める

今回取材した人は石好きが多かった。吉本さんが惹かれるのは、石ころのつるんとしたかわいらしさ、静けさ。小ぶりなものをケースに並べて、ゲストルームにかざっている（吉本さん）。

枝元さんは、石の中でも「層をなしている」ものが好き。ニューメキシコで溶岩、たしかネパールで雲母、熊本・天草ですずり石など、各地で買ったり拾ったり（P96・枝元さん）。

花よりもグリーンをかざりたい。中でも多肉植物は、部屋に欠かせない存在。通常は苗を育てるために使う業務用の連結ポットに、小さなサボテンを植えてもらった（山中さん）。

開化堂の茶筒（後ろの3つ）は20年ほど使っているうちに、新品の時にはなかった味わいが出てきて、だんだん気に入るようになった。手前の黒は骨董市で夫が買ったもの（山崎さん）。

持ちものは少なめを心がけているが、ささやかに集めているもののひとつに鍋つかみがある。いただきもの、自作で編んだもの、原宿の「Zakka」で購入したものなど（山崎さん）。

古い切手を集めるのが趣味。夫の母から譲り受けた切手アルバムに収めている。手紙をやりとりするのが好きなので、実際に貼ってどんどん使う（山崎さん）。

2 気持ち良く減らす

持ちものが減らせれば、管理がスムーズになる！
少ないものでも暮らせる力を身につけて、
自分に向いた〝減らしかた〟を実践したい。

ほんとうに好きで、簡単には手に入らず、自分の未来がたのしくなるようなものは、「何年以上使ってなければ処分」など、ちまたの片づけルールは当てはまらない。ものを減らすのが苦手な人にとっては目安や説得になるが、自分を知らずに実行すると無味な暮らしに陥ることも。ものの適量は人それぞれ。どんなものを残すか、どの程度を「身軽」と思うかは、自分で決めていいことにしよう。自分で負担を感じてなければ良しとする。

しかし、何かをはじめようとしてもすんなり行動に移せなかったり、探しものばかりしていたり、いつも心のどこかで「片づいてない」ような気がしているならば、それは確実に容量オーバーを示している。

整理の一歩は、把握から

自分に必要なものを選びとるのは難しい。吉本由美さんは40代でスタイリストを辞めた際に、おしゃれな輸入家具から、食器、雑貨まで、好きで集めたものを半分以上は減らしたと言う。さらに、60代で故郷に帰る時には長年の愛用品も潔く減らしたが、本やビデオやレコードなど「思い出が詰まったもの」は、引っ越しを手伝ってくれた友人たちからの説得を受けてもついに手放せず、東京から熊本の遠路を運ぶに至った。最近になってそれらをたのしむ時間が持てるようになり、「とっておいてよかった」とつくづく思っているそうだ。

思い出は
この宝箱に集結！

リビングの隅に飾ってある大きな古い箱は、内藤さんと鎌田さんがニューヨーク旅行の際に、現地で購入した船便梱包用トランク。中にはビートルズのコンサートチケットの半券、雑誌『TIME』、買いもの袋、あちこちの店のマッチ、息子の絵などがぎっしり。「子どもの宝箱ってあるでしょ。あけるとビー玉とかが入っている。これはまさにそういう感じ（笑）」と鎌田さん。思い出のトランクに入っているのは、かけがえのない“ガラクタ”なのだ。

る。ものが心の負担にも、行動の妨げにもなっていて、身軽とはほど遠い状態。「たのしく持つ」を実践するためにも、前向きにものを減らさなくては！

いちばん大切なのは「ものを把握」することだ。量が多すぎたり、しまい込んでいたり、同じジャンルのものがあちこちに散らばっていると、把握はできない。ものを表に出し、ジャンルごとにまとめながら、何をどれだけ持っているかを確認しよう。「使いやすく出し入れできて、収納したものがすべて見渡せる状態」まで減らせると快適になる。

写真、子どもの作品、手紙、日記などの思い出関連は、「何のために持つのか」「いつ見るのか」「誰に残すのか」を明確にして、整理をする。「長男に渡すアルバム」「60歳まで保管する日記」などラベリングしておく。今、減らせないとしても、「一カ所にまとめて、いつでも出せる状態」にするだけでも少し気がラクになる。

失敗を恐れずに、減らす練習

人の気持ちは経験に左右される。ものを処分した後に「取っておけば良かった！」と、後悔した経験があると、つぎの処分に対しても臆病になり、「いつか使うかも」とついブレーキをかけがちだ。反対に「なければないで、どうにかなった」とか「ちょっと困ったけど、ま、いいか」という経験がある人は、これからも減らしていきやすい。

まずはささいなものから減らして、「なくても大丈夫だった経験」を積んでいく。やや困ったとしても対応できる力を身につける。意識して「少ないものでやりくりする生活」に、自分を慣らしていこう。

たとえば、ものがなくても、方法でどうにかなる場合がある。私は修理や部品購入のことを考え、水筒の説明書までとっておくタイプだが、いざ「パッキンを買い換えたい」となった時、しまい込んだ説明書を探すよりもインターネットで検索したほうが速いことに最近やっと気がついた。

また、鍋でごはんが炊けるようになった時は、電気への依存をひとつ、クリアした気分になれた。毎日使うキッチンは「把握度」が高いし、調味料や食材は、足りなくても一食困る程度だと思えば、減らす挑戦がしやすい。将来、買いものが不便になったりするかもしれないが、だからこそ、少ないものでやりくりできる術を身につけたい。

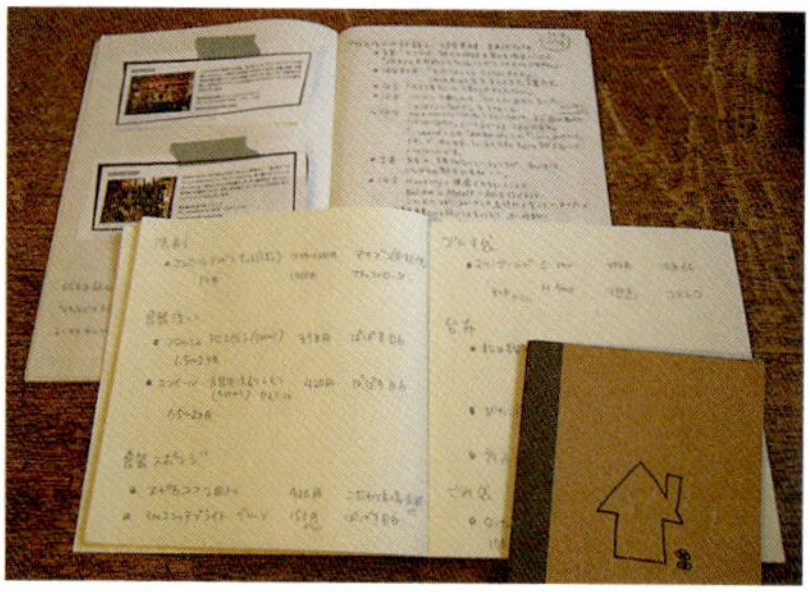

書いて整理

好みのインテリア写真やショップ情報など雑誌の切り抜きを貼ったり、読んだ本の感想、拾った言葉、気になることを何でもメモするノートをつけると、自分の興味がわかる。片づけをする時は、小さなノートに部屋や家具のサイズ、思いついた案を書きながら計画するとたのしい。消耗品は定番品をリストにし、買えるお店と購入ペースの目安をメモして把握。誰かに買いものを頼む時にも役立つ。

もったいない、めんどくさいをどうするか

せっかく減らそうとしても、「処分の手段」に行き詰まると、スムーズな実行に移せない。「もったいない」と「めんどくさい」は、整理の行く手を阻む。気持ちで負けないよう、建設的な対処をしよう。

まず、大幅にものを見直すためには、「もったいない」を受け止めなくてはいけない。管理できないほどものを増やした自分を思い知って、身軽な暮らしにつなげていく。それを自覚しないと、むやみに人にあげて罪悪感をごまかしたり、もとがとれるように売りたいと欲が出たり、自己本位になりがちだ。

未練を手放したところで、「気持ち良く減らす」を目指したい。手元に残すものを選ぶ時には主観が大切だが、行き先を決める時には客観を心がけ、「適材適所」を考える（ダメージがあるものは、自己責任で捨てるのが大前提）。

本でいえば、趣味の合う古書店に持ち込めば好きな人の手に渡るし、そうでないものは寄付をすれば誰かの役に立てる。送料などを負担しても、有効に

本の寄付	●チャリボン バリューブックスが運営。本やDVDを着払いで送ると、査定の総額が、自分の選んだNPO・NGOなどに寄付される仕組み（http://www.charibon.jp/）。 ●一般財団法人 NGO時遊人 教育支援を目的に活動。ウェブサイトから申し込みの上、1000円以上の寄付金を添えて発送。古本のほか、文房具の寄付も（http://jiyu-jin.org/）。
衣類の寄付	● NPO日本救援医療センター ウェブサイトで品目を確認の上、発送。後日、10kg あたり 1500円の協力費を支払う。世界各国に寄贈先がある（http://www.jrcc.or.jp/）。 ●新宿連絡会 ホームレスの人に寄付する男性衣料、タオルなどを集めている。ウェブサイトで募集の有無を確認の上、発送（http://www.tokyohomeless.com/）。
回収業者	●エコランド 使わなくなったものを集めて、素材の再利用などを行っている。シングルマットレスの場合、出品運搬料 3150円 + 物品料 4200円＝ 7350円で集荷。対応エリアは東京、静岡、大阪ほか（http://eco-land.jp/）。 ＊ほか、全国の回収業者は、自治体に問い合わせると教えてくれる。

使ってもらえるのだから身銭を切る覚悟は必要だ。

フリーマーケットに参加する場合も、旬のものは街中、引き出物など生活感のあるものは地元など、出店先を使い分けている人は多い。中には自分でガレージセールを開く人もいる。会場まで持ち込む労力がいらない、好みの人の手に渡りやすいなどのメリットがあるが、知人以外には住所の詳細は連絡がきてから答える、無断駐車に気をつけるなどの配慮が必要。友人と共同開催のほうが集客に期待できる。

一方、「めんどくさい」と先延ばしにする人には、プロの活用をおすすめする。わが家では、家具類は粗大ゴミに出すか、近所のリサイクルショップに頼むことが多い。粗大ゴミは、自治体で手入れをして再活用される可能性がある。

リサイクルショップは、無料でいいならまとめて引き取ってくれるので手間がなく、やはり再活用の可能性もある。無料でも引き取り不可の場合は、思い切って自治体が紹介している回収業者へ。

植木鉢の土の回収は専門業者へ

わが家でも、自治体のゴミに出せない土や石は、専門業者にお願いした。東京の「ウィステリア ガーデン」(http://wisteria-garden.eco.coocan.jp/) では、地域に応じて500円からの基本料金プラス、①根や茎などが混ざっていない園芸用の土は1kg 40円、②まざっている土は1kg 80円、③鉢・プランターごとは1kg 100円で回収している。大きい鉢だけ③、残りは②で出したところ、合計2500円だった。なお、②③で回収した場合は、混入物の除去作業を障害者就労訓練施設に依頼している。

自宅でガレージセール

埼玉県でパン教室「クラスカフェ」(http://pantocurasu.jugem.jp/) を主宰する三木みゆきさん。雑貨好き、洋服好きな友人3名と一緒に自宅でガレージセールを開催した。ショップを営む友人が、ブログで事前に出品物の写真を載せてくれた効果もあって大盛況に。自分にとっては不要でも、喜んで使ってもらいたいから、なるべくかわいく並べるのがポイント。あげますコーナーや、お得な詰め合わせコーナーを作ると、小さなものをまとめて連れて行ってもらえるそうだ。

直して活かす

直して使う選択肢は増やしていきたい。靴、服などは修理先を見つけやすいが、家具類は情報が少ない。社団法人日本家具産業振興会が運営する「家具修理職人・ｃｏｍ」のウェブサイトでは、各地の家具職人を掲載している。たとえば、兵庫が本部の「ＣＯＢＯ富士」（http://www.kagusyuri.com/）では、イスの張り替えは６０００円〜、ソファの布張り替えは５万円〜で対応している。

昭和の日本家具を販売している東京・世田谷の「アンティーク山本商店」（http://www.antique-yamamoto.co.jp/）では、イスのガタつきを直す場合は５０００円〜などで、修理だけの相談にも応じている。

身軽な人は、定期的にものを見直し、循環させる手段を持っている。いろいろ試しながら、自分の手段を見つけていこう。

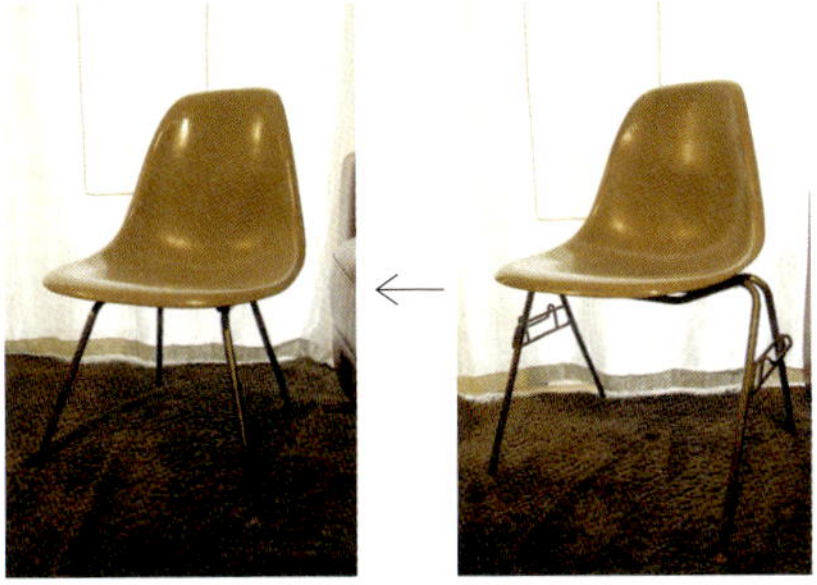

プロに頼んで、より使いやすく

イームズチェアの脚が外れたので、ネットで修理先を探し、「entrance」（http://home.att.ne.jp/zeta/eNfe/）に依頼した。修理代は部品代込みで6800円＋往復送料。だが、やりとりするうちに、違うタイプの脚の在庫があるとわかり、プラス8400円で交換してもらうことに（在庫と価格は仕入れ状況で変動）。スタッキングベースだと食事中に隣の椅子とぶつかるのと、座面がやや高いのが座りにくかったが、低いＨベースに交換してそれが解消できて、より使いやすくなった。

趣味を兼ねて直しを習う

食器が割れても自分で直して使えたらと、東京・東中野のギャラリー「間・Kosumi」で開催中の金繕い講座に通いはじめた。講師の奥田先生に「すぐ手がつけられるように道具はまとめておく」と教わり、ちょうどいいツールボックスを見つけ、欠けた食器とあわせて収納している。なお、先生は修理の依頼も受け付けていて、小指の爪ぐらいの欠けなら2500円〜で対応しているそうだ。「オクダ・アートアンドクラフト」（http://homepage1.nifty.com/okuda-artcraft/）。

column

居住12年目の片づけ記

今なら捨てられる！　40歳を過ぎたあたりに、ふとそう思える瞬間がおとずれた。

振り返れば30代は、「結婚」「出産」「マイホーム購入」というイベントをまとめて経験し、新しいものがどんどん入ってくる時期だった。家事も育児も、家計を管理するのも慣れてないから、こなすだけで精一杯。子どもが成長するにつれ、生活はめまぐるしく変化していく。いるもの、いらないものを見極められぬままその場をしのぐうち、しまい切れないものが表に出しっぱなしになり、秩序が乱れて、あちこちによどみが生じていた。

しかし、さすがに10年以上も過ぎると経験値が上がり、今ならものに見切りがつけられる気がしてきたのだ。育児のあわただしさが一段落していたことも、「暮らしを見直す絶好のタイミング！」と背中を押した。

わが家は2LDKのマンションに私、夫、長男、次男の4人暮らし。私の仕事スペースは、リビングの片隅を本棚で区切った空間にある。この本棚がごちゃごちゃで、同じ本を2回買ったり、必要な時にすぐ探せなかったりしたので、まずはここから整理をはじめた。本、雑誌をダンボール3箱分ほど処分し、残りはグループごとに並べ変えて全体を把握できるようにしたら、頭の中まですっきりした気分！　ついでに机の位置を変えてみると、窓からの光がいい具合に机上に差し込んで、断然落ち着けるようになった。

これぞ片づけの醍醐味である。本来整理整頓が苦手な私が片づけや収納に関心を持つのは、たとえば今まで縦に置いていたものを、横に向きを変えただけで、とたんに使いやすくなることがあるからだ。その発見のおもしろさ、翌日からの快適さを味わうと、もっとやりたくなる。

調子をつかんだところで、自分のクローゼットに着手した。これまでにも何度か片づけてはリバウンドを繰り返してきたので、なんとなくの全体量と使用（着用）頻度はつかめているし、自分が服をしまうときの「クセ」も思い知

収納ベタの奥の手！１引き出しに１ジャンル

開け閉めワンアクションで、すぐにものが出し入れできる。外から認識できるけれど、中は見えずにすっきり。だから「引き出し収納」は使いやすいのだ。〈右〉家族それぞれの保険証・薬手帳・常備薬を入れている。〈左〉ラベリングすると出し入れに迷いがなくなる。

思い出にも、整理のタイミングがやってくる

〈右〉アルバム整理は長年ためていたが、子どもと一緒に片づけたらスムーズに終わったので結果オーライだった。〈左〉子どもの作品はとっておくとキリがないし、味があるのは幼い時期に限られていると気づいてから、気に入ったものだけ残せるようになった。

キッチンは、変化に対応できるように

〈右〉以前は食洗機を使っていたが、食器を手洗いする余裕ができたため撤去。生まれたスペースを活かしたくて、畳んだりかけたりできる水切りを使っている。〈左〉以前ホームベーカリーがあった場所を片づけて、ウォータークーラーを置いた。ユニットシェルフはその時々の用途に合わせて組み替えられるのが良い。かごなどを使い、「1ヶ所1ジャンル」の引き出し収納に近づけている。

っている。〝片づけベタな人〟が収納でくじけないためには、「自分の行動に合わせる」のが大事。私の場合、服をたたむのが嫌いで後回しにしていたり、一度着ただけでは洗わない服をそのへんにかけてしまったりするのが、クローゼットが散らかる原因になっているのは明らかだった。

そこで、かけてしまえる範囲を増やすため、「すごく好きなわけじゃないが、便利で着ていた服」などを処分。クローゼット内では使いにくいのに、「もったいないから」と再利用していたカラーボックスも、リサイクルに出した。空いたスペースには、ボトム専用の収納アイテムを投入。自分の着方や行動パターンを考えながら「同じジャンルをまとめる」ように置き場所を決めたところ、全体が見通せて、出し入れにストレスのない状態に仕上がった。着るものを選ぶのがたのしくなったし、この快適さをくずしたくないから、たとえセールでもむやみに服を買わなくなった。

そこからは加速がつき、子ども部屋、洗面所、ベランダ、キッチンと、つぎつぎに片づけた。気を許すとまた散らかるが、今のところすぐに戻せる程度だから大丈夫。この調子を続けられれば、つぎの十数年後、子どもたちが独立する頃には片づけ上手になれるかも!?

1

2

3

4

5

本はグループ分けで把握

本の整理は、自分がどんな時に手に取るのか、行動も加味してゾーニング。**1** 未読の本。忘れないよう、タイトルが見えるように並べる。**2** 右の木箱の中は読みかけの本。出かける前、ここから移動中に読む本を選ぶ。左のカゴの中はリトルプレス類。仕事で参考にするから１箇所にまとめておく。**3** 料理の本。献立を決める時など、ここの前に座り込んで目を通す。**4** 着物、縫いもの、写真は、実用書の中でも特別扱い。**5** 雑誌は新刊は面陳、保存版は別の場所へ。

クローゼットは自分の“クセ”に合わせて収納

1 シーズンオフの服は左奥に収納。**2** ワンピースやアウターだけでなく、シャツやパーカー類もハンガーにかけられるように。スカートなどもここ。**3** 出番の多いストールは、かごに見やすく並べる。着用後に収納する時は、左のハンガーで干してから。**4** Tシャツ、トレーナー類は、たたんでしまう。オンシーズンを上段、シーズンオフを下段に。**5** パンツ類はここにかけるから10本まで。風通しも良く、使いやすい！ **6** 一度着たけどまだ洗わないパーカー、トレーニングウェアなどは、このかごの中へ。**7** インナーやレギンスなどをコーディネイトするのが苦手なので、浅めの引き出しの中に並べて、選びやすくしまっている。上段が下着、中段がインナー、下段がレギンスやタイツ類。

3 最期を考える

最期には身ひとつで大地に還る。
そう思えば、自分にとってほんとうに必要なものが
あらためてわかるかも!?

それぞれの見送りかた

家族がどんな風に最期を見送られたいのか、きいてみたことがあるだろうか。病気になってからでは話せない状況になったり、気がねする雰囲気になる場合もある。また、お葬式代を残そうとして保険や積立が複雑になっている（実用的でない）ケースも。日頃から話しておけば、見送られる側が金銭的な心配をふくらませることもないし、見送る側も本人の希望を知っていれば迷わずに方法が選べる。

お葬式は、故人を偲び、別れを告げる、大切な機会だ。だからこそ、自分らしい終わりかたを望む人が増えている。身内だけで見送る「家族葬」や、儀式をせずに火葬だけを行う「直葬《ちょくそう》」、しきたりにとらわれずに内容を組む「自由葬」が広がっている。

そもそもお葬式は、宗教や地域の慣習に沿って行われるものだが、現代ではライフスタイルの変化により信仰や慣習が伝承されず、簡素化の傾向にある。形骸化を感じたり、大きな費用をかけるのに疑問を持った人が、新しいやりかたを選んでいるのだろう。宗教を持たない人はとくに、「こうでなければ」の思い込みを、いったん取り払って考えてもいいのだ。日本の法律から見ても、「死亡診断書」「死亡届」「火葬許可書と埋葬許可書」の3つの書類による手続きが義務づけられているが、それに関連することを守れば、お葬式のやりかたに取り決めはない。

私は、1歳で亡くした三男と、実家の父の最期を、知り合いの葬儀屋さんを通じて直葬で見送った。三男の時には急な出来事に気持ちが追いつかず、儀式を行おうとはとても思えなかったのだ。私たち夫婦の死生観もあり、お坊さんもよばずに今も手元供養をしている。余計な気を遣わずに、悲しみとゆっくり向き合えたので、父の時にも迷わず直葬を選んだ。

直葬の予算は、都内ならば20〜30万円が目安になる。父の時には、棺や寝台車、火葬場への支払い（火葬料・骨壺・保棺料・待合時喫茶代）、葬儀屋さんへのお礼、火葬場や運転の方へ心づけなどがあった。また、妹の希望によりお坊さんにお経をお願いし、お布施をした。花や写真は自分たちで用意をし、死亡届などの書類手続きも自分の手で行ったのは意外に感慨深かく、ささやかでも「見送った」という実感は持てた。自分の時にも直葬でシンプルに見送ってもらいたいと夫婦ともに思っている。

お花の代わりにチャリティを

枝元なほみさんは、母の葬儀にあたり弔電やお花を辞退し、「もしもお花をとお考えいただけるのであればそのかわりに、3.11の震災復興にご寄付をいただけたら」とお願い。せっかくならば、「これから咲く花、つながっていく花を」とお知らせの文章に書いた。ソーシャルネットショッピングモールを通じて被災者支援につながる「にこまるクッキー」を買うと、その時に選んだ社会活動に寄付もできる。

もしも直葬や自由葬などを選ぶなら、気をつけることがいくつかある。まずはお墓について、菩提寺(檀家になっているお墓)がある場合、供養はそのお寺に頼むのが筋だ。後々、お墓に入れないなどのトラブルにならないように。菩提寺に限らず、予定しているお墓の受け入れの体制は確認しておこう。

周囲への配慮も必要である。従来のお葬式でもそうだが、親戚の反対があるとスムーズに進まなくなる。本人の希望であることを伝えられるようにしたい。また、式に参列したい、お別れをしたいと思ってくださる友人が多い場合、直葬や家族葬だとその気持ちをくめなくなる。

いい葬祭業者を見つけることも大事だ。突然のことであれよあれよと決まっていくと不本意なことになりかねない。従来の方法と違うからこそ、気をつけるべきポイントがある。「自分らしく」の気持ちを理解してくれる業者さんを、リサーチしておきたい。

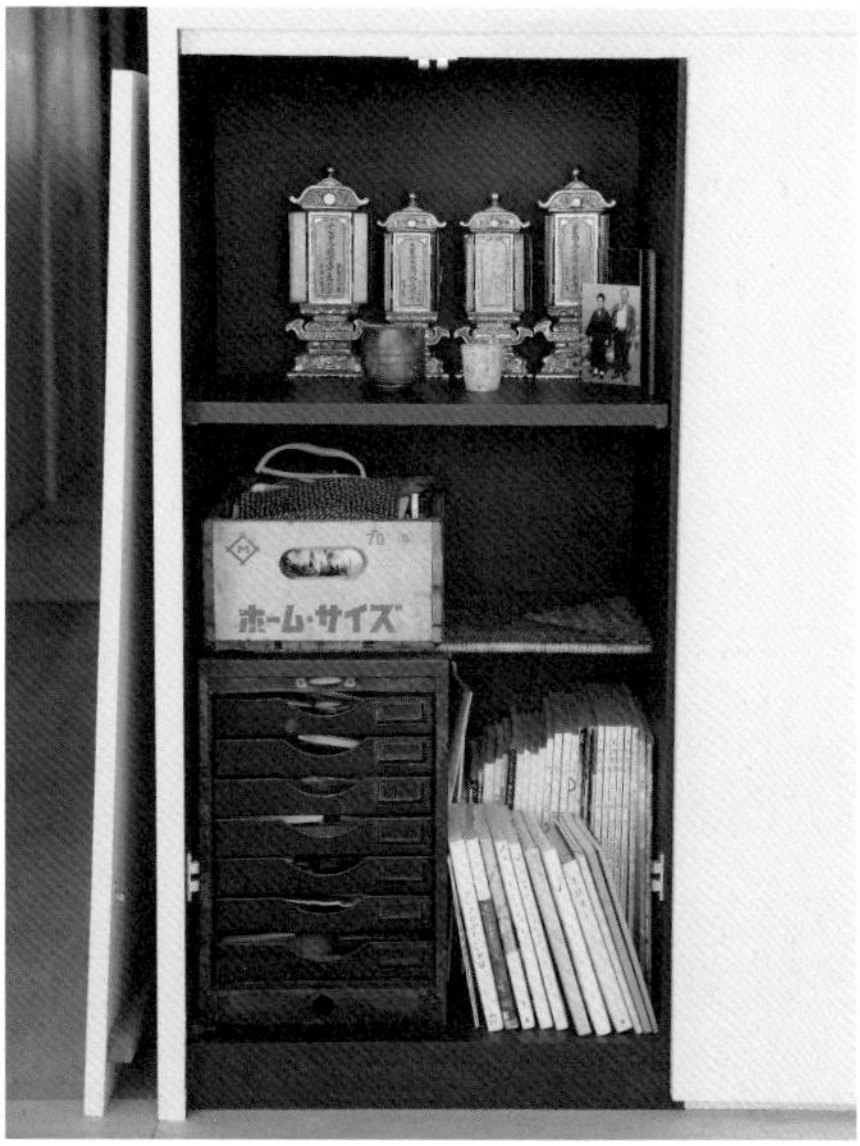

リビングの仏様

山中とみこさんの家では、カウンターキッチンの収納のひとつに、お位牌を置く場所がある。今のライフスタイルでは、リビングに仏壇は置きにくいけれど、このようなかたちにすれば、ふだんは開けたままで生活の中に自然に馴染むし、来客時などは閉めることもできる。「仏壇はね。少しごちゃっとしているのが、私のイメージなの。だからこの中もそういう感じにしている」と山中さん。

お墓の難しさ

お葬式以上に考えてしまうのが、お墓のことである。私はふたり姉妹で、父亡き後、実家のお墓は妹が継いでくれたが、承継や納骨などもろもろの手数料でまとまった出費になった。墓地が遠くて通うのもたいへんだし、この機会に買い換えたらどうなるか調べてみると、使用の権利を墓地側に返還するだけで、返金はなく、更地にする費用もこちら持ちと、実行するにはハードルが高かった。お墓があれば、ここに眠るんだという安心感があり、残された側にも拠り所になるが、管理と承継の問題は大きい。

今のように、家ごとにお墓を持つのが一般的になったのは、火葬が広まった明治以降だといわれている。束縛が大きいわりに歴史が浅いと知り、より複雑な気持ちになる。自分たちの代では守るとしても、その後はどうしたらいいのか。

生前の家具で、手元供養

1歳で亡くなった三男は、手元供養にしている。仏壇に入れるのは……と思い、ちょうどいい棚を買おうとずいぶん探したがなかなか選べず、生前の本人の家具を使ったところ、しっくりきた。思い出の品や形見もぜんぶこの中に。三男は直葬で友人を招くことはできなかったが、手紙を書いてくれた友だちもいた。式をしなくても気持ちを伝えてくれる人はいる。

子孫に頼らないお墓の選択肢に、永代供養墓《えいたいくようぼ》がある。家族に変わって墓地側が管理をするもので、納骨方法は合祀する、骨壺のまま安置するなど、さまざまだ。近い仕組みに、宗教的な供養を行わずにたくさんの人がひとつの墓で眠る「合葬墓《がっそうぼ》」もある。

また、自然に還る葬送のスタイルとして、海や山に散骨する「自然葬」や、墓石の代わりに樹木を植える「樹木葬」がある。お墓に関しては「墓埋法《ぼちまいほう》」と呼ばれる守るべき法律があるが、「お墓を持たなくてはいけない」との決まりはない。自然葬をサポートする「葬送の自由をすすめる会」(http://www.shizensou.net) では随時会員を募集しているので、興味があれば資料を取り寄せてみよう。

樹木葬は自然葬とは異なり、墓地として許可された場所に限られるが、木々がたくさん植えられた自然の中に眠ることができるという点で、従来のお墓にない精神的な満足が得られそうだ。

いずれはここに?

「ある日突然、お墓が作りたくなった」と言う大久保美津子さん。もともと石や枯れ枝を拾うのが好きで、それらと石膏粘土を材料に、お墓のジオラマを制作している。「木の根っこを作るのが難しい」のだそう。自分が亡き後は自然葬がいいと漠然と思っているが、お骨の一部をこのジオラマに入れて手元供養にし、ほんとうに私のお墓にする? なんてこともちょっとだけ考えて作っているそうだ。

最期の片づけは

以前、家事評論家の先生を取材した際に「60歳を過ぎたら人生の最期を考えて、身のまわりを整理するべき」と教わった。気力や体力がなくなる前に片づけを――と理屈ではわかってはいても、ものを大事にして育った世代の人には、難しい場合が多い。

いざ大切な人が旅立った後にたくさんのものが残ると、それらを整理するのは家族にとっても、重い仕事となる。時間をかけられない時、気持ちや体力が追いつかない時には、プロにお願いするのもひとつの方法だ。

ひとり暮らしをしていた父の部屋は、近所に住んでいた妹が持ちものを把握していたので、亡くなった後でも必要な書類がパッと出てきたし、親戚の連絡先もすぐにわかった。生きているうちの整理整頓がいかに大切かを感じさせられた。ものは少なかったが、後片づけは葬儀屋さんに紹介された業者にお願いすることに。家中の荷物が軽トラック1台に収まり、5万円ほどで運んでもらった。スタッフの人たちは手早く親身な対応だった。

このようなサービスは増えそうだが、頼み先を間違えれば、高額請求や不法投棄などのトラブルに巻き込まれる可能性もある。「遺品整理士認定協会」(http://www.is-mind.org/)では、業界の健全化のために「遺品整理士」の資格認定を行い、ウェブサイト上で全国の優良企業を紹介している。一般的なリサイクルショップやゴミの回収では、出されたものをピックアップするだけだが、遺品整理士の資格を持つ業者ならば、供養に対する認識を持ち、貴重品が出れば遺族に渡して、これは廃棄物に、これはリサイクルに……と、適切に振り分けてくれる。料金は、たとえば1DKで5〜7万円+処分費実費(約8000〜2万円)が目安だ。

遺品整理士の業者の中には、生前整理や、ふだんの片づけのサポートに対応しているところもある。手に負えない時には思い切って頼んでみても。P125の下段で紹介した「エコランド」でも、片づけサービスを行っている。

また、家族が「処分して」などと片づけを促すと角が立つこともあるが、すべてを片づけてもらうことができなくても、どうしても残したいものを明確にしておくだけでも、後々の家族の気持ちは少しラクになるかもしれない。

吉本由美さんが、実家のものを整理していた時のエピソードがある。「両親のアルバムから自分が知らない人が写っている写真を抜き出しては、『これは誰？』って、施設の母に見せてたんです。もし母がいなくなったら、誰も教えてくれなくなるから。そうしたら、認知症があった母が、写真を見ているうちに、だんだん思い出してはっきりしゃべるよう

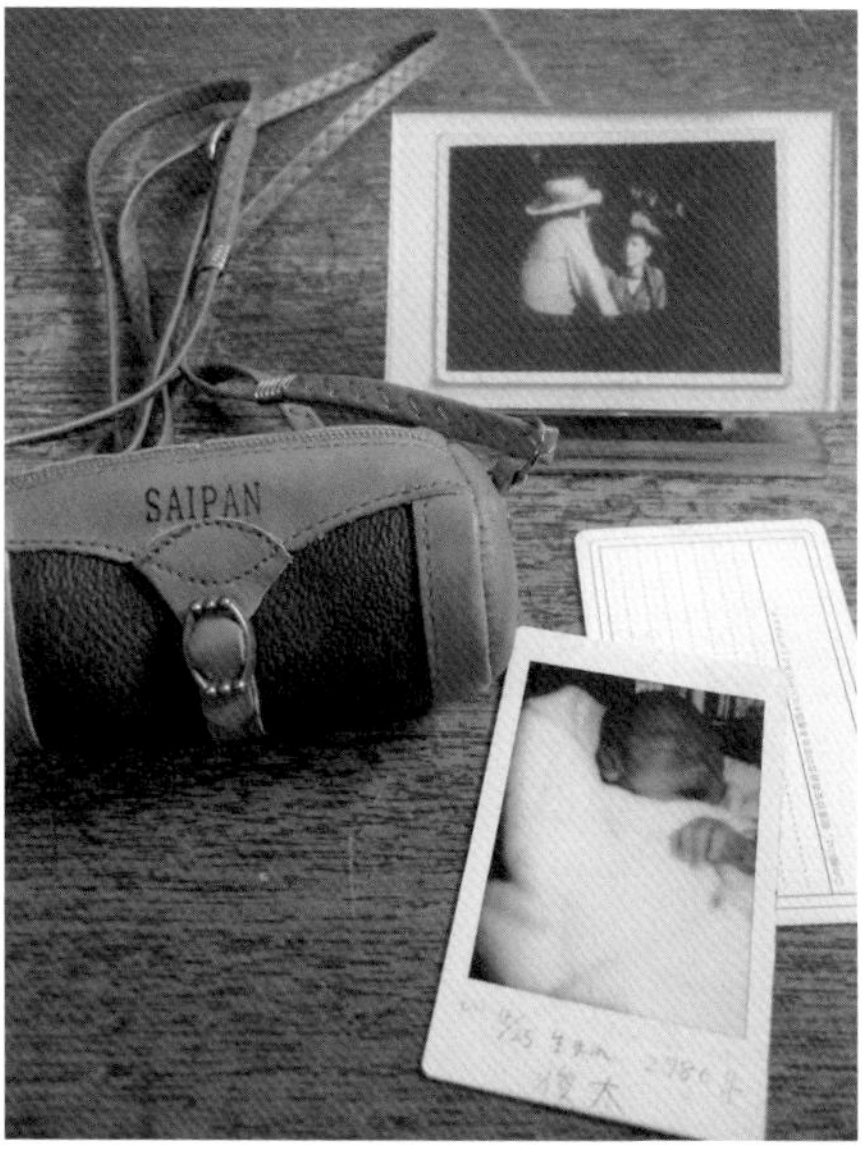

形見は愛着のあるものを少しだけ

父の部屋の遺品を整理するにあたっては、部屋から形見を選んだらキリがなくなりそうだったから、もともと私の手元にあった愛着のある父のものを形見として、これからもずっと持つことにした。父が若い頃にテレビ画面を撮影したという西部劇のスナップ、何十年か前に最初で最後の海外旅行で娘ふたりに買ってきたTHEお土産なポシェット、父の財布に入っていた孫の写真と、車好きだった父の最後の免許証。

になったんですよ」。

その話を聞いたときに、ものの整理は自分との向き合いだけでなく、家族間での大切なやりとりを生むのだと思った。私の祖母は、ある時から思い出の記録をまとめたり、着物や洋服を欲しいかどうかを確認しながら分けてくれたり、身のまわりを整理していた。それから10年以上、現在も長生きをしてくれているが、祖母が自分の意志で選び、私に譲ってくれたことは、いつか尊い思い出になるだろう。

自分が旅立つ日も、確実にやってくる。「今日は死ぬのにとてもよい日だ*」というインディアンの詩の一節があるが、そんな軽やかな最期に憧れながら、身ひとつで大地に還れるようになりたいと思う。いくらものを所有していても、自分が亡き後にすべてを残すことはできない。そう考えると、今は何を大切にしたいのか、おのずと見えてくるような気がしている。

形見分けのタイミング

お葬式のタイミングで、形見分けすることを思いついたと言う枝元さん。「母はちぎり絵をやっていて、色紙で300枚ほどもありました。これは今しかない、後回しにしたら機会がなくなっちゃうと思って、葬儀にきてくれた方に見ていただき、『思い出として御自由にお持ち帰りください』としました。母のお友だちの方々が、母と語らうように見て、ほとんどをもらってくださいました」。

*『地方色』（丸元淑生・著　文藝春秋刊）収録　ナンシー・ウッドの詩より

参考文献
『お葬式もお墓もなしで人生を満足に締めくくる方法』主婦の友社　2010年
『お墓なんていらない!?』島田裕巳　日東書院　2011年

子どもが保育園に通っていた頃の私は、朝から晩まで時間に追われていた。仕事が忙しくなるとすぐに部屋は散らかるし、晩ごはんは連日店屋物。雑誌で見るような、好きなものに囲まれたていねいな暮らしに憧れながらも、現実はほど遠く、自分のだらしなさに引け目を抱えていた。

けれども、以前取材で山中とみこさん（P26〜）の話を聞いた時に、「今は焦らなくてもいいんだ」と、気持ちが切り替わった。個性的なインテリアでかっこよく暮らしている山中さんも、子どもが小さい頃は理想とかけ離れていて、50歳を過ぎてから仕事も住まいもやっと自由になったと言う。

今、できないことがあっても、「つぎのたのしみ」にとっておけばいい。そう思えたら、この先にもまだまだやりたいこと、叶えたいことがいっぱいあるようで、逆にうれしくなった。

あれから数年が経ち、子どもたちもだいぶ手が離れて、私は40代になった。人生の折り返し地点といわれる年齢的なものと、東日本大震災からの影響や、景気に左右される世の中への不安も重なり、大きな節目を感じて、少し立ち止まっている。今までと同じではいられない。漠然と思ってはいるのだが、具体的にどうしたいかもわからないし、20代の頃のように「とりあえず走っちゃえ」みたいな勢いも出てこなかった。

そんなある日。深夜にテレビを観ていたら、私が10代の頃に人気絶頂だったアイドルの女性が、当時の歌をうたっていた。途端、リアルタイムで聞いていた時代の風景がフラッシュバックした。中学1年生の夏に泊まった友だちの家の様子や、2年生の冬に塾へ行く途中の道などが、曲を聞くだけで条件反射で浮かんでくる。懐かしさに涙がバーッと出てきた。そして、恥ずかしながら思い出したのだ。私はこのアイドルになりたかったことを!

生まれつきで、どうにもできないことに対して、抗うような気持ちの感覚を、久々に思い出した。そう言えば、自分じゃない誰かになりたいだなんて、いつの頃からか、考えなくなっていた。

「自分らしくありたい」と思える気持ちは、「自分でいるしかない」と、認めたことからはじまっている。

あらためてそう気づいた時、年を取るのもいいものだなあと、やわらかな気持ちになった。

アイドルにはなれない容姿やセンスはもちろん、長年培った（？）だらしなさも、そう変えられるものではないと受け止めている。でも、不精だからこそ、手抜きのワザが生み出せたりするものだ。数々の失敗経験を活かし、自分なりに暮らしを整理することが、今ならできるかもしれない。

より自分らしく生きるためのヒントが欲しくなり、少し先輩のみなさんにお話を聞いてみようと、この書籍の企画はスタートした。40歳を過ぎてから、見直したこと、はじめたこと——。いくつになっても「実行」できる人たちの話を聞いているうちに、もともと何かを持っているかどうかより、その逆のところに、大人になってからの暮らしをたのしむポイントがあるのではと確信した。

吉本由美さんには、憂鬱をそのままにせず、自分で解決して潔く手放す身軽さがあった。

山中とみこさんには、悪条件を工夫でたのしむ発想の身軽さがあった。

大久保紀一郎さん、美津子さんには、流れに身を任す「こうと決めない」身軽さがあった。

内藤三重子さんには、後ろ向きな気持ちにとらわれない切り替えの身軽さがあった。

山崎陽子さんには、物事にメリハリをつけて、ため込まない身軽さがあった。

枝元なほみさんには、大事なことを絞り込み、理想を抱えない身軽さがあった。


たとえ状況が変わっても、〝自分をご機嫌にする力〟を持っているのが、身軽な人たちの共通点。みなさんの話を聞くうちに、年齢にかかわらず、好きなことをどんどんやっていけばいいのだと、あらためて思えるようになった。

いつでもスタートがきれるように。

自分の暮らしを見直していこう。

石川理恵

取材・文
石川理恵（いしかわ・りえ）
1970年生まれ。インテリアを中心に、子育て、料理、家事、仕事、ものづくりなど、女性のライフスタイルにまつわる記事を書く。著書に『展示・ものづくりはじめの一歩』『リトルプレスをつくる』『自由に遊ぶ、DIYの本づくり』（グラフィック社）、本書と同シリーズに『10年着るための衣類ケアブック』（技術評論社）がある。障害者の仕事を応援する「セルザチャレンジ」のメンバーとしても活動中。インディーズのブックレーベル「ひよこまめ書房」主宰。hiyocomame.jp

写真（取材分）
永田智恵

ブックデザイン
渡部浩美

DTP
酒徳葉子（技術評論社）

編集
秋山絵美（技術評論社）

身軽《みがる》に暮《く》らす

もの・家《いえ》・仕事《しごと》、40代《だい》からの整理術《せいりじゅつ》

2013年9月10日　初版　第1刷発行
2013年10月10日　初版　第3刷発行

取材・文　石川理恵《いしかわりえ》
発行者　片岡巌
発行所　株式会社技術評論社
東京都新宿区市谷左内町21-13
電話　03-3513-6150（販売促進部）
03-3513-6166（書籍編集部）
印刷／製本　株式会社加藤文明社

ISBN978-4-7741-5875-4
Printed in Japan

COMODO
LIFE BOOK